O CENÁRIO NO FINAL DE 1969 — Em um ano de forte carga política, no início do mandato presidencial de Nixon e no auge do movimento antiguerra, o Julgamento dos 7 de Chicago (que começou como os 8 de Chicago) reuniu Yippies, ativistas antiguerra e Panteras Negras para enfrentar as acusações de conspiração após os turbulentos protestos na Convenção Nacional Democrata de 1968 em Chicago, protestos que continuam a ter uma notável ressonância contemporânea.

Os réus — Rennie Davis, Dave Dellinger, John Froines, Tom Hayden, Abbie Hoffman, Jerry Rubin, Lee Weiner e Bobby Seale (cofundador do Partido dos Panteras Negras que acabou sendo excluído do julgamento, o que resultou em sete acusados, e não oito) — satirizaram abertamente o procedimento judicial, mandando beijos para o júri, vestindo togas e levando uma bandeira vietcongue para o tribunal. Em certo ponto, o juiz ordenou que Seale fosse amarrado e amordaçado por insistir em representar a si mesmo no processo. Somando-se ao teatro no tribunal, uma série de testemunhas famosas passou pela tribuna, entre elas Timothy Leary, Norman Mailer, Arlo Guthrie, Judy Collins e Allen Ginsberg (que provocou a acusação entoando "Om" no banco das testemunhas).

Este livro combina uma transcrição resumida do julgamento com os comentários perspicazes do historiador e jornalista Jon Wiener, reavivando um evento extraordinário que, assim como Woodstock, passou a simbolizar o final dos anos 1960, a causa pela liberdade de expressão e o direito de protesto — causas que ainda estão bem vivas mais de meio século depois. Nas palavras de Wiener: "No final dos anos 1960, parecia que todos os conflitos nos Estados Unidos haviam sido condensados e, depois, extravasados no tribunal do júri da Conspiração de Chicago."

Um posfácio do falecido Tom Ha_____ vância do julgamento, e desenhos de _____ a atmosfera eletrizante do tribunal.

OS SETE DE CHICAGO

OS SETE DE CHICAGO

O Extraordinário Julgamento da Conspiração de Chicago

O LIVRO QUE INSPIROU O FILME

Introdução de **JON WIENER**
Posfácio de **TOM HAYDEN**
Ilustrações de **JULES FEIFFER**

Rio de Janeiro, 2021

Os Sete de Chicago

Copyright © 2021 da Starlin Alta Editora e Consultoria Eireli.
ISBN: 978-65-5520-527-5

Translated from original Conspiracy in the Streets: The Extraordinary Trial of the Chicago Seven. Copyright © 2006 by Jon Wiener, Afterword © 2006 by Tom Hayden Illustrations © 1970, 1971 by Jules Feiffer. ISBN 978-1-56584-833-7. This translation is published and sold by permission of The New Press, the owner of all rights to publish and sell the same. PORTUGUESE language edition published by Starlin Alta Editora e Consultoria Eireli, Copyright © 2021 by Starlin Alta Editora e Consultoria Eireli.

Cover Image: The Chicago Seven: Lee Weiner, academic radical; John Froines, academic radical; Abbie Hoffman, Yippie; Rennie Davis, revolutionary; Jerry Rubin, Yippie; Tom Hayden, revolutionary; Dave Dellinger, pacifist, Chicago, September 25, 1969 © Richard Avedon Imagery

Todos os direitos estão reservados e protegidos por Lei. Nenhuma parte deste livro, sem autorização prévia por escrito da editora, poderá ser reproduzida ou transmitida. A violação dos Direitos Autorais é crime estabelecido na Lei nº 9.610/98 e com punição de acordo com o artigo 184 do Código Penal.

A editora não se responsabiliza pelo conteúdo da obra, formulada exclusivamente pelo(s) autor(es).

Marcas Registradas: Todos os termos mencionados e reconhecidos como Marca Registrada e/ou Comercial são de responsabilidade de seus proprietários. A editora informa não estar associada a nenhum produto e/ou fornecedor apresentado no livro.

Impresso no Brasil — 1ª Edição, 2021 — Edição revisada conforme o Acordo Ortográfico da Língua Portuguesa de 2009.

Erratas e arquivos de apoio: No site da editora relatamos, com a devida correção, qualquer erro encontrado em nossos livros, bem como disponibilizamos arquivos de apoio se aplicáveis à obra em questão.

Acesse o site www.altabooks.com.br e procure pelo título do livro desejado para ter acesso às erratas, aos arquivos de apoio e/ou a outros conteúdos aplicáveis à obra.

Suporte Técnico: A obra é comercializada na forma em que está, sem direito a suporte técnico ou orientação pessoal/exclusiva ao leitor.

A editora não se responsabiliza pela manutenção, atualização e idioma dos sites referidos pelos autores nesta obra.

Produção Editorial
Editora Alta Books

Gerência Comercial
Daniele Fonseca

Editor de Aquisição
José Rugeri
acquisition@altabooks.com.br

Produtores Editoriais
Illysabelle Trajano
Maria de Lourdes Borges
Thales Silva
Thiê Alves

Marketing Editorial
Livia Carvalho
Thiago Brito
marketing@altabooks.com.br

Equipe de Design
Larissa Lima
Marcelli Ferreira
Paulo Gomes

Diretor Editorial
Anderson Vieira

Coordenação Financeira
Solange Souza

Coordenação de Eventos
Viviane Paiva

Assistente Editorial
Mariana Portugal

Equipe Ass. Editorial
Beatriz de Assis
Brenda Rodrigues
Caroline David
Gabriela Paiva
Henrique Waldez
Raquel Porto

Equipe Comercial
Adriana Baricelli
Daiana Costa
Fillipe Amorim
Kaique Luiz
Victor Hugo Morais

Atuaram na edição desta obra:

Tradução
Wendy Campos

Copidesque
Ana Gabriela Dutra

Revisão Gramatical
Thais Pol
Hellen Suzuki

Diagramação
Joyce Matos

Ouvidoria: ouvidoria@altabooks.com.br

Editora afiliada à:

Dados Internacionais de Catalogação na Publicação (CIP) de acordo com ISBD

W647s   Wiener, Jon
         Os sete de Chicago: o extraordinário julgamento da conspiração de Chicago / Jon Wiener, Tom Hayden, Jules Feiffer ; traduzido por Wendy Campos ; ilustrado por Jules Feiffer. - Rio de Janeiro : Alta Books, 2021.
         320 p. : il. ; 16cm x 23cm.

         Tradução de: Conspiracy In The Streets: The Extraordinary Trial of the Chicago Seven
         ISBN: 978-65-5520-527-5

         1. Julgamentos. 2. Conspiração. 3. Os sete de Chicago. I. Hayden, Tom. II. Feiffer, Jules. III. Campos, Wendy. IV. Feiffer, Jules. V. Título.

2021-4178   CDD 345.07
                                             CDU 343.15

Elaborado por Odilio Hilario Moreira Junior - CRB-8/9949

Rua Viúva Cláudio, 291 — Bairro Industrial do Jacaré
CEP: 20.970-031 — Rio de Janeiro (RJ)
Tels.: (21) 3278-8069 / 3278-8419
www.altabooks.com.br — altabooks@altabooks.com.br

A conspiração nas ruas precisa de: liberdade, ativistas, paz, gramado, dinheiro, sol, músicos, instrumentos, pessoas, adereços, carros, ar, água, fantasias, equipamento de som, amor, armas, malucos, amigos, anarquia, Huey livre, um caminhão, aviões, poder, glória, roupas velhas, espaço, verdade, Nero, tinta, pintura, ajuda, corda, água para nadar, sorvete, drogas, transa, lua, Om, líderes, saúde, ato pacífico, terra, porcos, tempo, patriotas, trajes espaciais, um Buick, a justiça do povo, Eldridge, madeira, panteras, coisas reais, bons tempos.

— Panfleto distribuído uma semana antes
do julgamento dos 8 de Chicago

Sumário

Lista de Ilustrações de Jules Feiffer	xiii
Agradecimentos	xv
Nota do Editor	xvii
Introdução: Os Anos 1960 em Julgamento	1
Cronologia	43
TRANSCRIÇÃO DO JULGAMENTO	57
I. Declarações Iniciais	59
II. O Caso da Acusação	75
Raymond Simon, consultor jurídico da cidade de Chicago	75
David Stahl, oficial administrativo do prefeito de Chicago, Richard Daley	78
Mary Ellen Dahl, policial de Chicago	81
Robert Pierson, policial de Chicago disfarçado	83
Detetive Frank Riggio, do Departamento de Polícia de Chicago	86
Carl Gilman, jornalista e informante do FBI	92
Louis Salzberg, jornalista e informante do FBI	98

Frank D. Sweeney, publicitário e informante do FBI	99
William Frapolly, policial de Chicago disfarçado	101
Bill H. Ray, assistente do xerife do condado de San Mateo	121
John Braddock, cinegrafista da ABC-TV	125
Irwin Bock, policial de Chicago disfarçado	129
Richard Schaller, oficial de Inteligência Naval dos EUA	132

III. O Caso da Defesa — 137

Phil Ochs, cantor/compositor de protesto	139
Allen Ginsberg, poeta	143
Dick Gregory, comediante e ativista político	154
Linda Morse, Fifth Avenue Peace Parade Committee	156
Dr. Timothy Leary, ex-professor de psicologia de Harvard e defensor do LSD	159
Paul Sequeira, fotógrafo do *Chicago Daily News*	161
Richard Daley, prefeito de Chicago	171
Ed Sanders, líder da banda de rock The Fugs	178
Julian Bond, ativista dos direitos civis e membro da Câmara dos Representantes da Geórgia	181
Arlo Guthrie, cantor folk	183
Paul Krassner, editor da revista *The Realist*	184
Judy Collins, cantora folk	185
Rennie Davis pela acusação	192
Norman Mailer, escritor	196
Ramsey Clark, ex-procurador-geral dos Estados Unidos no governo do presidente Lyndon Johnson	199
Bobby Seale, presidente do Partido dos Panteras Negras	202

Bobby Seale pela acusação 203
Staughton Lynd, historiador e ativista 204
Reverendo Jesse Jackson, ativista dos direitos civis ... 206

IV. Réplica da Acusação 213
James Riordan, vice-chefe de polícia de Chicago 213

V. Alegações Finais e Instruções ao Júri 219

VI. As Acusações de Desacato 235

VII. Vereditos e Sentenças 249

Posfácio Tom Hayden, 2006 265
Notas 289

Lista de Ilustrações de Jules Feiffer

Página 60: Juiz Julius Hoffman

Página 61: Richard Schultz, procurador-assistente

Página 62: Tom Hayden

Página 65: William Kunstler, advogado de defesa

Página 68: Leonard Weinglass, advogado de defesa

Página 70: Thomas Foran, procurador

Página 72: Bobby Seale e o juiz Hoffman

Página 89: Dave Dellinger

Página 110: Bobby Seale amarrado e amordaçado

Página 112: Bobby Seale amarrado e amordaçado

Página 123: Bobby Seale e o juiz Hoffman

Página 125: Bobby Seale

Página 128: Juiz Hoffman

Página 138: Equipe de defesa

Página 144: Allen Ginsberg

Página 164: Abbie Hoffman

Página 172: Richard Daley, prefeito de Chicago

Página 179: Ed Sanders

Página 186: Judy Collins

Página 188: Rennie Davis

Página 193: Tom Hayden e Rennie Davis

Página 232: O júri

Página 235: Juiz Hoffman

Página 242: Lee Weiner

Página 244: John Froines, o juiz Hoffman e Tom Hayden

Página 252: Dave Dellinger

Página 253: Rennie Davis

Página 254: Tom Hayden

Página 257: Abbie Hoffman

Página 259: Jerry Rubin

Página 262: William Kunstler

Agradecimentos

Este livro foi ideia de Colin Robinson, que foi incrivelmente entusiasmado e eficaz em recrutar todos os colaboradores e reunir as partes. Foi ele quem pediu a Jules Feiffer para nos deixar usar seus desenhos e conseguiu a foto de Richard Avedon para a capa.

Tom Hayden leu cada palavra da transcrição editada do julgamento e da introdução — foi ótimo ter a chance de trabalhar com ele. Eric Foner ofereceu todo o seu incentivo em um estágio crucial. Judy Fiskin forneceu comentários perspicazes e úteis e revisou muitas versões da introdução.

Transformar uma transcrição de julgamento de 22 mil páginas em um livro de 320 não foi fácil. Agradeço a Adam Shatz, que editou uma versão preliminar da transcrição (antes de se tornar o editor literário da *Nation*). Em parte, contamos com a versão da transcrição do julgamento publicada em 1970 e editada por Judy Clavir — agora Judy Albert — e John Spitzer, e somos gratos por sua cooperação. O trabalho mais difícil foi feito por Eileen Luhr, que comparou nosso manuscrito com a transcrição original em microfilme, aprimorando o produto final de inúmeras maneiras. Jules Feiffer foi generoso em nos fornecer os desenhos que fez no tribunal durante o julgamento, e o espólio de Richard Avedon permitiu que usássemos a linda foto da capa.

Laura Cadra, bibliotecária de referência da Biblioteca Jurídica da Universidade da Califórnia em Los Angeles, forneceu os vários rolos de microfilme da transcrição do julgamento e nos permitiu analisá-los. Também obtivemos ajuda de Dean Rowan, bibliotecário de referência da Biblioteca Jurídica da Universidade da Califórnia em Berkeley. Dean Blobaum, da University of Chicago Press, nos permitiu publicar uma versão da magnífica cronologia dos 8 de Chicago em seu site. Agradecemos ao Centro de Ciências Humanas da Universidade da Califórnia em Irvine pela bolsa para a preparação do manuscrito.

Na New Press, Sarah Fan fez um trabalho excelente gerenciando as diferentes partes do livro, e Stuart Calderwood foi um ótimo editor. Lizzie Seidlin-Bernstein resolveu muitos problemas ao longo do caminho.

Abbie, Jerry e Dave Dellinger já se foram, assim como Bill Kunstler. Com este livro, nós nos lembraremos deles.

Jon Wiener
Los Angeles,
janeiro de
2006

Nota do Editor

Esta não é uma edição acadêmica. A transcrição original tem 22 mil páginas; ao reduzi-la, tentamos selecionar não apenas as passagens historicamente mais significativas, mas também alguns dos confrontos mais dramáticos e momentos mais surpreendentes, em um esforço para transmitir aos leitores os aspectos já lendários do julgamento. Visamos também preservar um pouco do puro interesse humano — as personalidades marcantes e os estilos retóricos das figuras centrais. No entanto, as páginas impressas são incompletas, pois, como sugeriu o professor de direito Harvey Kalven, faltam "o tom, os ruídos, o sarcasmo, a atitude, o burburinho e o grau de perturbação" do tribunal. Esses aspectos foram deixados para a imaginação do leitor.

Como ler qualquer transcrição de julgamento é um trabalho árduo, em prol da legibilidade, eliminamos as elipses, alteramos "O Tribunal" como orador para "juiz Hoffman" e identificamos todos os outros oradores pelo nome e sobrenome, em vez de "Sr." ou "Senhorita", como no original — por exemplo, "Sr. Hoffman" foi modificado para "Abbie Hoffman".

Na produção deste volume, contamos em parte com o resumo de seiscentas páginas da transcrição publicado em 1970 por Bobbs-Merrill sob o título *The Conspiracy Trial*, editado por Judy Clavir (agora Judy Albert) e John Spitzer. Reconhecemos com gratidão seu trabalho e agradecemos a permissão para fazer uso dele. Os leitores interessados em uma transcrição mais completa devem consultar seu volume, agora esgotado, mas amplamente disponível em bibliotecas e sebos.

Os interessados na versão completa da transcrição original de 22 mil páginas podem encontrá-la em microfilmes nas bibliotecas jurídicas da Universidade da Califórnia em Los Angeles, da Universidade de Nova York e de outros lugares.

Jon Wiener

OS SETE DE CHICAGO

Introdução:
Os Anos 1960 em Julgamento
Jon Wiener

No final dos anos 1960, parecia que todos os conflitos nos Estados Unidos haviam sido condensados e, depois, extravasados no tribunal do júri da Conspiração de Chicago. O julgamento tinha como foco as manifestações ocorridas em Chicago em agosto de 1968, em que cerca de 10 mil jovens compareceram diante da Convenção Nacional Democrata para protestar contra a Guerra do Vietnã e confrontar seus fomentadores em nome do povo. Eles foram recebidos por um número semelhante de policiais, guardas nacionais e soldados. Os conflitos resultantes, transmitidos em rede nacional para uma audiência de milhões, "marcaram uma crise na ordem política e cultural do país".[1] Oito meses depois, procuradores federais indiciaram oito líderes e os acusaram de conspiração e incitação a tumulto. O julgamento, que dominou os noticiários durante meses, levou o país a decidir o que pensava sobre a paixão e o comprometimento do movimento antiguerra e sobre as táticas e os argumentos dos defensores do *status quo*.

No tribunal, os acusados confrontaram um juiz e os procuradores, que pareciam representar tudo o que era injusto e opressor sobre o *status quo*. Os réus indignaram o mainstream — e encantaram os jovens em todo o mundo — ao tratar o juiz com uma espécie de zombaria e nítida provocação raramente vista em um tribunal norte-americano. Abbie Hoffman mandou beijos ao júri; compareceu ao tribunal, junto com Jerry Rubin, usando togas; e insultou o juiz Julius Hoffman em iídiche (ambos os Hoffmans eram judeus). Diante do júri, Dave Dellinger chamou o depoimento do vice-chefe de polícia de "papo furado". O Pantera Negra Bobby Seale, privado de seu próprio advogado e após ter seu direito de representar a si mesmo negado repetidas vezes, chamou o juiz de "porco racista podre" e "porco mentiroso fascista".[2]

O juiz Julius Hoffman desempenhou com maestria o papel de um repressivo agente do governo, especialmente ao ordenar que Bobby Seale fosse amarrado e amordaçado. O resultado, visto por milhões na TV, nos jornais e nas revistas (em esquetes, pois câmeras eram proibidas em salas de tribunal), foi o horrível espetáculo de um homem negro acorrentado perante um tribunal norte-americano, gritando através de uma mordaça para exigir seus direitos.

O pano de fundo desse confronto no tribunal era a contínua guerra do Vietnã, as manifestações antiguerra em centenas de campi, os motins e as rebeliões em guetos urbanos e Nixon se mudando para a Casa Branca após oito anos de governo democrata.

Para a acusação, o julgamento era uma forma de reescrever a história das manifestações e do movimento antiguerra em geral, a fim de retratá-los não como esforços legítimos dos cidadãos para terminar uma guerra imoral e errada, mas, sim, como uma conspiração ilegal e violenta em que pessoas honestas foram enganadas e manipuladas por alguns líderes autoproclamados.

Na verdade, os líderes julgados pelo governo Nixon eram de movimentos distintos, com ideias diferentes sobre o que estava errado nos Estados Unidos e estratégias divergentes de como mudar a situação. Líderes de três movimentos enfrentaram os procuradores federais em Chicago: os radicais culturais Abbie

Hoffman e Jerry Rubin, líderes dos "Yippies"; os radicais políticos Dave Dellinger, Tom Hayden e Rennie Davis, líderes do Comitê de Mobilização Nacional para Acabar com a Guerra do Vietnã — "Mobe", na sigla em inglês —; e o radical negro Bobby Seale, presidente do Partido dos Panteras Negras.

RADICAIS CULTURAIS: OS YIPPIES

Os radicais culturais, representados por Abbie Hoffman e Jerry Rubin, fizeram parte de uma revolta jovem que definiu a "liberdade" de forma muito mais ampla do que os radicais políticos. A deslegitimação de autoridade trazida pela Guerra do Vietnã levou à rejeição não apenas dessa política, mas de praticamente todos os valores e prioridades do mundo adulto. A contracultura rejeitou o trabalho e a busca de riquezas em favor da diversão e da busca do prazer; rejeitou a vida familiar em favor da vida comunitária; abraçou as drogas como recreação e caminho para a iluminação; celebrou a liberdade sexual como alternativa à repressão sexual. Ela trouxe um elemento lúdico para a política, pois o Partido Internacional da Juventude, os chamados Yippies, valeu-se do humor para desafiar a injustiça e a exploração. Seu evento mais famoso aconteceu na Bolsa de Valores de Nova York em 1967, onde Abbie Hoffman jogou notas de dólar da galeria no pregão, parando o mercado enquanto os traders se engalfinhavam para pegar o dinheiro. E a contracultura celebrou a juventude em festivais de rock monumentais — em agosto de 1969, Woodstock reuniu mais de 400 mil jovens no interior do estado de Nova York para um festival de três dias, totalmente pacífico e não violento. Para Chicago, em agosto de 1968, os Yippies planejaram sua própria versão de "festival da vida" para desafiar o "festival da morte" que viram na Convenção Nacional Democrata.

Abbie Hoffman, com 33 anos na época do julgamento, era um radical e rebelde de imenso talento. Graduado pela Brandeis, ele se dedicara a movimentos pelos direitos civis e pela paz no início dos anos 1960. Entendia o poder da mídia e trabalhava em táticas para subvertê-lo. Em uma entrevista coletiva de 1967, declarou que a manifestação antiguerra planejada para o Pentágono seria um "exorcismo para expulsar os espíritos malignos" e que um "contingente do flower power [poder das flores]" cercaria o local e o faria "levitar".[3]

Abbie considerava o tribunal o lugar ideal para colocar em ação suas ideias sobre o teatro de guerrilha. Foi um dos dois réus escolhidos para testemunhar, e seu depoimento foi brilhante e muitas vezes hilário:

P: "Entre a data de seu nascimento, 30 de novembro de 1936, e 1º de maio de 1960, o que aconteceu em sua vida, se é que aconteceu algo?"

R: "Nada. Acredito que isso se chama educação norte-americana."[4]

Jerry Rubin, com 30 anos no início do julgamento, cresceu em uma família judia da classe trabalhadora em Cincinnati, tornando-se um estudante radical de Berkeley e líder do movimento para acabar com o treinamento de tropas em Oakland. Concorreu a prefeito de Berkeley e recebeu 22% dos votos. Em 1966, ele desenvolveu uma política de mídia radical, ganhando as manchetes e a cobertura da imprensa por seu comparecimento perante o temido Comitê de Atividades Antiamericanas (HUAC, na sigla em inglês), que investigava o movimento antiguerra; Jerry vestiu um uniforme da Guerra da Independência e distribuiu cópias da Declaração da Independência. Disse que queria mostrar aos jovens que "não é preciso ter medo, pois é possível transformá-lo em coragem".⁵ Foi dele a ideia de concentrar a mobilização antiguerra ocorrida no outono de 1967 em Washington, D.C., no Pentágono, e não no Capitólio dos EUA, como os líderes da manifestação haviam planejado originalmente.

RADICAIS NEGROS: OS PANTERAS

O movimento pelos direitos civis se tornou mais militante em meados dos anos 1960, quando a era de "We Shall Overcome" deu lugar ao "Black Power", um slogan ouvido pela primeira vez em 1966 entre ativistas inspirados por Malcolm X e amargurados pelo fracasso do governo federal em parar os ataques a defensores dos direitos civis no Deep South. "Black Power" tinha significados distintos para pessoas diferentes; o novo grupo mais proeminente a utilizar o slogan foi o Partido dos Panteras Negras, fundado em 1966, em Oakland, por Huey Newton e Bobby Seale e famoso por sua apologia à autodefesa armada em resposta a ataques policiais. O programa de dez pontos dos Panteras incluía o fim da brutalidade policial, o pleno emprego e a isenção do serviço militar para homens negros. Ao contrário de outros grupos radicais negros no final dos anos 1960, os Panteras eram receptivos às alianças com grupos radicais brancos que compartilhavam seus objetivos revolucionários, incluindo a Students for a Democratic Society (SDS) e mais tarde o Weather Underground. Os Panteras organizavam programas de café da manhã para crianças pobres, mas trinta de seus membros também demonstravam suas crenças marchando armados para o plenário da assembleia legislativa da Califórnia. Bobby Seale leu uma declaração e foi preso, junto com os outros Panteras.

Bobby Seale, presidente do Partido dos Panteras Negras, com 33 anos na época do julgamento, tinha a personalidade pública de um defensor ferrenho da autodefesa armada. "O verdadeiro Bobby", escreveu Tom Hayden mais tarde, "era colérico e incitador, com certeza, mas, por trás de sua máscara, também irradiava humanidade, aguçados poderes de observação, senso de humor e um desejo pela simples decência. Nem todos os Panteras eram tão responsáveis quanto ele".[6]

No ano anterior às manifestações e ao julgamento em Chicago, militantes negros como os Panteras tinham uma visão de mundo completamente diferente daquela da contracultura. Para os hippies dos Estados Unidos, 1967 foi o "verão do amor", uma época em que os "filhos das flores" lotavam os festivais e os parques para cantar "All You Need Is Love", canção dos Beatles que liderava as paradas musicais. No entanto, para os norte-americanos negros, aquele foi "o longo e quente verão" no qual levantes, rebeliões e insurreições nos guetos resultaram em milhares de presos e feridos e dezenas de mortos, especialmente em Newark e Detroit.

Essa distância entre os jovens brancos e negros tornou a acusação de Bobby Seale como membro da Conspiração de Chicago ainda mais improvável. Os Panteras não tinham interesse em protestar contra o Partido Democrata em 1968; antes do julgamento, Seale não conhecia Abbie Hoffman, Jerry Rubin ou qualquer um dos outros réus, exceto Tom Hayden; ele não teve nada a ver com o planejamento das manifestações e fez apenas um discurso em Chicago. Porém, foi indiciado, pois o governo Nixon estava interessado em processar e prender os líderes dos Panteras, como parte de sua política repressiva de "lei e ordem".

RADICAIS POLÍTICOS: O "MOBE"

Além dos radicais culturais e dos radicais negros, o terceiro grupo levado a julgamento em Chicago foram os radicais políticos, representados por Dave Dellinger, Rennie Davis e Tom Hayden. Dave Dellinger, com 54 anos, era o mais velho dos réus, um socialista e pacifista cristão ao longo da vida. Filho de um advogado rico, frequentou Yale e Oxford — e então, durante a Segunda Guerra Mundial, foi para a prisão por três anos como pacifista e objetor de consciência. Ele se opôs à Guerra da Coreia e, em meados dos anos 1960, tornou-se o presidente do Comitê de Mobilização Nacional para Acabar com a Guerra no Vietnã — "Mobe". O repórter J. Anthony Lukas, que cobriu o julgamento para o *New York Times,* escreveu que Dellinger "parecia um chefe de escoteiros de folga".[7]

Rennie Davis, com 29 anos na época do julgamento, era um autêntico norte-americano. Em seu depoimento, disse que fora pela primeira vez a Chicago quando criança para um concurso de criação de galinhas em um clube de jovens agricultores, onde ganhou o quarto lugar. Formado em Oberlin, tornou-se o organizador mais talentoso da Nova Esquerda em meados dos anos 1960. Segundo Lukas, na liderança do Mobe, ele "fez a maior parte da organização real" tanto para as manifestações quanto para o julgamento.[8] Em 1967, visitou o Vietnã do Norte. A defesa o escolheu como um dentre os dois réus que seriam chamados a depor.

Tom Hayden também tinha 29 anos na época do julgamento; de acordo com Lukas, era o que mais possuía "inteligência absoluta" dentre todos os réus.[9] Criado como católico irlandês de classe média em Michigan, formou-se na Universidade de Michigan e foi um dos fundadores da Students for a Democratic Society (SDS).

Em 1961, ele trabalhou com ativistas dos direitos civis no Sul e foi espancado por uma multidão de brancos em McComb, Mississippi. No ano seguinte, redigiu a "Declaração de Port Huron" para a SDS, indicando os ideais e os objetivos da Nova Esquerda.[10] Foi organizador de comunidades pobres em Newark por três anos e testemunhou a rebelião de julho de 1967, que durou uma semana. Também viajou para o Vietnã do Norte em 1965. Era um estrategista crucial para o Mobe e o movimento nacional, e, mais do que qualquer um dos acusados, queria uma estratégia de defesa que não apenas desafiasse o tribunal, mas conquistasse alguns jurados para acarretar um impasse do júri — permitindo que os réus continuassem seu trabalho antiguerra em vez de ir para a prisão.

Dois outros foram indiciados: John Froines e Lee Weiner. Froines era um jovem doutor em química; Weiner era um aluno de doutorado em sociologia na Northwestern. Apesar de organizadores das manifestações de Chicago, não eram líderes nacionais e, de fato, acabaram sendo absolvidos de todas as acusações.

A GUERRA E O JULGAMENTO

A acusação e o juiz insistiram que o cerne do julgamento era conspiração e incitação a tumulto; a defesa insistiu que era a guerra e o direito de se manifestar contra ela. A versão oficial retratou a guerra como um esforço para defender a democracia em um país que estava sendo invadido por comunistas agindo em prol da União Soviética e da China. Essencialmente, os réus viam a guerra como uma continuação da luta vietnamita pela independência, que começou como uma luta contra o colonialismo francês após a Segunda Guerra Mundial. Essa fase terminou em 1954 com a vitória vietnamita e os Acordos de Genebra — o tratado de paz que dividiu o Vietnã em duas zonas, o Norte Comunista e o Sul, apoiado pelos Estados Unidos. Segundo os termos dos Acordos de Genebra, as eleições e a reunificação seriam concluídas dentro de dois anos.

Com frequência, os réus repetiam que o Vietnã do Sul não era uma democracia e que esta havia sido banida do Vietnã em 1956, quando o presidente Eisenhower interrompeu as eleições porque era evidente que os comunistas venceriam — afinal, eles haviam liderado a luta pela independência. Nesse ponto, os Estados Unidos começaram a enviar forças militares para defender o governo de Saigon, estabelecido pelos norte-americanos. Os réus também declaravam que os democratas eram mais responsáveis pela guerra do que os republicanos — Kennedy enviou 16 mil "conselheiros" norte-americanos; e Lyndon Johnson representou uma escalada monstruosa: na época da Convenção Democrata em Chicago, meio milhão de soldados norte-americanos lutavam contra os vietnamitas, e os EUA lançavam mais toneladas de bombas no pequeno país do Vietnã do que ambos os lados em toda a Segunda Guerra Mundial.

No momento do julgamento, os réus organizavam a campanha contra a guerra há quatro ou cinco anos. A maioria deles havia participado da primeira marcha em Washington, organizada pela SDS em abril de 1965 — cerca de 25 mil pessoas compareceram, para surpresa de todos, inclusive dos organizadores. Em 1967, a SDS tinha 30 mil membros em 247 escritórios, em lugares que variavam de Harvard, Yale e Princeton a faculdades comunitárias da classe trabalhadora. À medida que a guerra se tornava maior e mais destrutiva, a SDS intensificou sua retórica e estratégia, exortando os jovens a queimarem seus cartões de alistamento e a se recusarem a servir às Forças Armadas — e milhares o fizeram. Em outubro de 1967, o movimento atingiu um novo ápice em número e impacto com a expressiva e monumental marcha ao Pentágono. Essa manifestação inspirou a ideia de uma passeata na Convenção Nacional Democrata, que seria realizada em Chicago no ano seguinte. Em 1968, a SDS pediu uma mudança "de protesto para resistência".

O ano de 1968 marcou o clímax da década de 1960; os protestos na Convenção Nacional Democrata em Chicago sucederam sete meses de eventos que abalaram a maneira como a maioria dos norte-americanos entendia seu mundo. Em primeiro lugar, veio a guerra: os oficiais norte-americanos declaravam regularmente que a maré estava mudando e que dava para ver a luz no fim do túnel. Porém, no final de janeiro de 1968, os comunistas lançaram a Ofensiva do Tet, ataques-surpresa simultâneos a todas as cidades e capitais provinciais do Vietnã do Sul, que culminaram na invasão de combatentes no complexo da embaixada norte-americana no coração de Saigon. A Ofensiva do Tet convenceu os norte-americanos de que não deveriam acreditar em seus líderes e que a Guerra do Vietnã não poderia ser vencida. Mas, ainda assim, a guerra continuou; na época dos protestos da convenção em agosto de 1968, o número de mortos era de quase 30 mil norte-americanos e centenas de milhares de vietnamitas.[11]

Lyndon Johnson, enfrentando uma campanha de reeleição em 1968, havia sido desafiado nas primárias democratas pelo senador Eugene McCarthy, de Minnesota. Depois que Johnson desistiu da campanha de reeleição no final de março, Robert Kennedy, então senador por Nova York, entrou nas primárias como segundo candidato antiguerra, e o vice-presidente Hubert Humphrey tornou-se o candidato dos adeptos habituais do partido. Ao que parecia, a convenção de Chicago significaria uma escolha real em relação ao candidato, à guerra e ao futuro dos democratas.

Então, em abril, ocorreu o assassinato — por um homem branco — de Martin Luther King, em Memphis, provocando a maior onda de motins e rebeliões negras da história norte-americana. Em Chicago, o prefeito Richard Daley deu ordens específicas à polícia: "atirar para matar" incendiários e "atirar para mutilar ou aleijar" saqueadores em bairros negros — isso foi apenas quatro meses antes de o prefeito Daley confrontar os manifestantes na Convenção Nacional Democrata, e os líderes dos protestos começaram a se preocupar com a posição dele em relação à "violência nas ruas".

A nação sofreu um segundo grande golpe em junho, quando Robert Kennedy foi assassinado em Los Angeles por um nacionalista palestino na noite das primárias da Califórnia.

Nesse ínterim, Richard Nixon retornou ao cenário político norte-americano — apesar de seis anos antes, em 1962, não ter vencido a eleição para governador da Califórnia após o término de seu mandato como vice-presidente de Eisenhower. Ele baseou sua campanha presidencial na mobilização de uma reação contra os movimentos da década de 1960, conclamando "a maioria silenciosa" — código para brancos conservadores — para defender a "lei e a ordem" — código para oposição a negros militantes e estudantes antiguerra.

O QUE ACONTECEU EM CHICAGO

Os oito réus foram acusados de conspirar para promover um tumulto popular nas ruas de Chicago. Porém, nos meses que antecederam a convenção, os líderes fizeram o possível para tornar os protestos legais e pacíficos. Tanto os Yippies quanto os Mobe solicitaram autorizações para as manifestações junto aos órgãos competentes em Chicago. Todas foram negadas. Eles recorreram ao judiciário e, mais uma vez, o pedido foi recusado. Sem as autorizações, não haveria eletricidade para o palco das bandas e, portanto, nada de "festival da vida" — praticamente garantindo um confronto violento entre a polícia e os manifestantes.

Mais tarde, a comissão encarregada de investigar os acontecimentos nos arredores da Convenção Nacional Democrata em Chicago os descreveu como um "tumulto policial". Esses eventos foram exaustivamente examinados durante o julgamento. Em resumo:

Domingo, 25 de agosto de 1968: Um dia antes da abertura oficial da Convenção. Manifestantes e ativistas começaram a se reunir no Lincoln Park. A cidade havia decretado um toque de recolher às 23h para o local. Na primeira noite de manifestações, Tom Hayden e Rennie Davis lideraram uma marcha do parque até o Conrad Hilton Hotel, o principal hotel para os delegados da convenção. À meia-noite, a polícia executou o toque de recolher, atacando as pessoas no parque com gás lacrimogêneo e cassetetes e efetuando prisões; milhares fugiram pelas ruas.

Segunda-feira, 26 de agosto: Primeiro dia da convenção. Abbie Hoffman e Jerry Rubin exortaram os manifestantes a ocupar o parque. Tom Hayden foi preso à tarde e depois libertado sob fiança. Às 23h, hora do toque de recolher, cerca de 3 mil pessoas que ocupavam o parque foram atacadas por policiais com bombas de gás lacrimogêneo e balas de festim. Tom Hayden foi preso pela segunda vez, encarcerado e depois libertado sob fiança.[12]

Terça-feira, 27 de agosto: Ao amanhecer, o poeta Allen Ginsberg liderou manifestantes em cânticos, orações e meditação.

Os opositores da guerra realizaram uma manifestação no Coliseu de Chicago, um espaço fechado onde cerca de 4 mil manifestantes ouviram discursos de Dave Dellinger, Abbie Hoffman e outros, e música de Phil Ochs e outros. No Lincoln Park, Bobby Seale fez um discurso para cerca de 2 mil pessoas. Às 23h, a polícia atacou e espancou pessoas no parque. Alguns manifestantes reagiram espalhando-se pela vizinhança para destruir vitrines e travar confrontos contínuos com a polícia.

Quarta-feira, 28 de agosto: Uma força de cerca de 12 mil policiais, 6 mil soldados e 5 mil guardas nacionais foi mobilizada, enquanto, no Grant Park, uma manifestação de mais de 15 mil manifestantes, a maior da convenção, se reuniu ao meio-dia na concha acústica, não muito longe do Hilton. Durante os discursos, um adolescente subiu no mastro da bandeira; a polícia avançou através da multidão para detê-lo, espancando e lançando gás nas pessoas. Rennie Davis foi espancado violentamente pela polícia e hospitalizado. Allen Ginsberg e Dick Gregory discursaram. Dave Dellinger tentou liderar uma marcha até o Anfiteatro, mas a polícia o impediu. Em outras partes da área, a polícia atacou os manifestantes com cassetetes e gás lacrimogêneo. Os confrontos continuaram noite adentro, quando a cobertura televisiva da convenção de nomeação de Humphrey foi interrompida por cenas ao vivo de milhares de policiais espancando manifestantes.

Dentro do salão de convenções, o senador Abraham Ribicoff, um democrata de Connecticut, falando do plenário em oposição a Humphrey, denunciou o que chamou de "táticas da Gestapo nas ruas de Chicago". O prefeito Daley foi mostrado em rede nacional retorquindo ao senador Ribicoff; sua voz era inaudível, mas leitores labiais decifraram seus gritos: "Vai se foder, seu judeu desgraçado, seu filho da puta nojento, vai para casa."[13] Tom Hayden e outros manifestantes do lado de fora do Hilton foram empurrados através de vidraças quebradas; a polícia invadiu o hotel, transformando o salão e o lobby em um campo de batalha. A convenção chegou oficialmente ao fim.

Nixon acabou vencendo as eleições em novembro, mas pela menor das margens: cerca de 600 mil votos em 70 milhões. Ele obteve apenas 43% dos votos populares, pois George Wallace, o candidato de um terceiro partido, que apelou para os racistas brancos do Sul, venceu no Deep South. Os historiadores argumentam que Humphrey provavelmente teria vencido caso tivesse se manifestado contra a guerra antes do final da campanha.[14]

AS ACUSAÇÕES, OS PROCURADORES, O JUIZ E O JÚRI

Nixon tomou posse em 20 de janeiro de 1969. Os 8 de Chicago foram indiciados dois meses depois, em 20 de março. Todos eles foram acusados de conspiração para viajar a outro estado "com a intenção de incitar, organizar, promover, encorajar, participar e realizar um tumulto". Dellinger, Hayden, Davis, Hoffman, Rubin e Seale também foram acusados de incitação à violência. Cada uma das duas acusações acarretava uma sentença de cinco anos; portanto, cada réu enfrentava uma pena de prisão de dez anos. Froines e Weiner não foram acusados de incitação à violência, mas de ensinar aos outros como fazer "dispositivos incendiários".

As outras figuras centrais no julgamento incluíam o advogado de defesa William Kunstler, de 50 anos, um personagem imponente dos tribunais que já havia defendido muitos casos de direitos civis no Sul. Representou Martin Luther King Jr. e os Panteras Negras Stokely Carmichael e H. Rap Brown, bem como Malcolm X. Tinha habilidades retóricas impressionantes e uma capacidade incrível de reagir rapidamente aos desdobramentos durante o julgamento.

Leonard Weinglass, o segundo advogado de defesa, nunca havia defendido um caso em um tribunal federal antes. Tom Hayden o convidou porque eram amigos desde que Tom trabalhava em Newark e Len lecionava perto, na Rutgers. Ele acabou se mostrando um advogado brilhante, um mestre nos detalhes materiais e um trabalhador incansável.

Para o movimento, o juiz Julius Hoffman passou a personificar tudo que havia de injusto e punitivo no establishment. Na época do julgamento, ele já era idoso — 74 anos. Nasceu em Chicago e se formou na faculdade de direito em 1915. Tornou-se juiz distrital em 1947 e juiz federal em 1953, patrocinado por um senador republicano. Era membro de vários clubes exclusivos e morava em um bairro de classe alta de Chicago. Durante o julgamento, ele objetou com veemência ao ser chamado de racista por Bobby Seale e outros, muitas vezes declarando para registro na ata que, um ano antes, fora o responsável pela emissão da primeira ordem judicial para dessegregação escolar no Norte. Mas sua retórica vinha de uma época anterior: "Se há algum juiz em algum tribunal que defende os membros desprivilegiados de outras raças", disse a um advogado, "sou eu". O juiz também se ressentiu quando Abbie Hoffman mencionou o fato de ele ser judeu — parte da elite judaico-alemã de Chicago. J. Anthony Lukas, do *New York Times*, questionou "se os esforços do juiz para fugir do seu próprio judaísmo não poderiam explicar alguns dos acontecimentos naquele tribunal" — em particular, sua inexplicável raiva contra os judeus que se comportaram mal no julgamento — Kunstler, Weinglass, Weiner, Rubin e Hoffman.[15]

Os dois procuradores federais desempenharam papéis contrastantes: o mais velho, Thomas Foran, era o profissional calmo, enquanto seu assistente, Richard Schultz, falava com uma voz de eterna indignação. Como procurador, Thomas havia perseguido o crime organizado em Chicago com força total. Ele afirmou ter sido amigo de Robert Kennedy. Seu mentor político mais próximo foi o prefeito Daley, que declarou ao júri que Thomas Foran era "um dos maiores advogados deste país e o melhor homem que conheci na vida privada e pública". Richard Schultz era mais jovem e menos experiente, mas orgulhoso de seu domínio dos detalhes do caso. Ele parecia acreditar que realmente houvera uma conspiração — Lukas escreveu que "Schultz poderia ter feito o primeiro tordo da primavera soar como uma trama da Sociedade Audubon".[16]

O júri sofreu durante todo o julgamento. O juiz ordenou que os jurados fossem isolados no primeiro dia, o que significava que, ao final de cada dia de depoimentos, eram levados diretamente para o hotel Palmer House e impedidos por oficiais do tribunal de ter qualquer contato com o mundo exterior. Eles não tinham permissão para ler jornais ou revistas ou assistir à TV. Como distração, os oficiais selecionavam filmes que eram exibidos em sessões em grupo toda sexta e sábado à noite: todos os filmes de James Bond e musicais inofensivos como *Oklahoma!* e *Vendedor de Ilusões.*

Enquanto o júri estava trancado no Palmer House, os réus saíam quase todas as noites para fazer discursos, arrecadar dinheiro e transformar o julgamento em uma ferramenta para mais campanha antiguerra.

QUESTÕES LEGAIS: A CONSPIRAÇÃO

A primeira acusação na denúncia era "conspiração", uma que o Ministério Público normalmente aprecia, mas que à primeira vista parece problemática.[17] De acordo com a lei, uma pessoa pode ser acusada não apenas de cometer um crime, mas de concordar com duas ou mais pessoas em cometer esse mesmo crime. Isso pareceria uma espécie de dupla punição — duas condenações pelo mesmo crime. Além disso, segundo a lei da conspiração, o Ministério Público não precisa convencer um júri de que o crime-fim ocorreu para que a conspiração em si seja punível. Na história norte-americana moderna, as leis da conspiração foram usadas tanto contra os sindicatos que planejavam greves quanto contra os funcionários corporativos que planejavam tabelar preços. Provavelmente, o julgamento de conspiração mais notável da história norte-americana na época dos 8 de Chicago foi a condenação de Julius e Ethel Rosenberg em 1951, não por terem roubado o segredo da bomba atômica, mas por terem conspirado para fazê-lo. O Ministério Público também aprecia a lei da conspiração porque cada membro é responsável pelo todo, por todas as ações e palavras dos outros conspiradores. No caso de Chicago, a acusação de conspiração permitiu ao governo reunir muitos líderes dos movimentos antiguerra em um grande e dramático julgamento. Sem ela, cada um teria direito a um julgamento separado para as outras acusações.

Na verdade, a defesa tinha provas contundentes de que jamais existiu conspiração para tumulto. Um documento-chave de planejamento redigido por Tom Hayden e Rennie Davis em março de 1968, cinco meses antes das manifestações, declarava expressamente: "A campanha não deve planejar violência e perturbação contra a Convenção Democrata. Deve ser um ato pacífico e legal... qualquer intenção deliberada de distúrbio implicará o distanciamento das pessoas preocupadas com prisões ou violência e, portanto, diminuirá drasticamente o tamanho e o efeito político da mobilização."[18] O juiz recusou-se a permitir que o júri tomasse conhecimento da existência desse documento. No entanto, os jurados acabaram concordando com a defesa, e o veredito para cada um dos réus sobre as acusações de conspiração foi "inocente".

QUESTÕES LEGAIS: INTENÇÃO DE INCITAR

Seis dos réus foram acusados não só de conspiração, mas também de cruzar fronteiras estaduais com a intenção de iniciar um tumulto. Esse crime federal era novo na época, e sua instituição revela muito sobre o contexto do julgamento. A lei foi aprovada em 1968 e era chamada de "Rap Brown". No verão de 1967, Brown, presidente do Comitê Não Violento de Coordenação Estudantil (SNCC, na sigla em inglês), discursou para várias centenas de pessoas em Cambridge, Maryland, onde declarou: "É hora de Cambridge explodir, baby. Os negros construíram os Estados Unidos, e se este país não mudar vamos queimar tudo." Uma hora depois, a polícia trocou tiros com residentes negros e, horas mais tarde, incêndios destruíram a maior parte do distrito comercial pertencente a negros da cidade, bem como uma escola pública negra.[19]

Naquele verão notoriamente quente de 1967, tumultos já haviam estourado nos guetos negros em dezenas de cidades norte-americanas, principalmente em Newark e Detroit, onde o acontecimento foi mais como um levante ou uma insurreição. Em cada cidade, os incêndios e os saques foram desencadeados não por "agitadores externos", mas, sim, por ações da polícia local. Em Newark, o governador enviou cerca de 17.500 guardas nacionais, sem treinamento e mal preparados, que atiraram indiscriminadamente em negros e também destruíram lojas de propriedade de negros que haviam sido poupadas pelos rebeldes.

Na época, Tom Hayden era um organizador comunitário em Newark; o governador lhe perguntou o que fazer e seu conselho foi direto: retire a Guarda Nacional. O governador aceitou o conselho de Hayden, mas 23 pessoas foram mortas — 21 negros, a maioria espectadores inocentes mortos por guardas ou policiais. Enquanto isso, em Detroit, outra revolta resultou em incêndios que destruíram quase cem quarteirões do gueto negro; o governador disse que "parecia que a cidade tinha sido bombardeada".[20] O número de mortos foi de 33 negros e 10 brancos.

Uma semana após a revolta em Detroit, Rap Brown fez seu discurso em Cambridge, Maryland: "Não tente amar o branco azedo até a morte", declarou, de pé sobre o porta-malas de um carro. "Atire nele para matar. Atire nele para matar, irmão, porque é isso que ele está disposto a fazer com você. Faça primeiro com ele o que ele faria com você."[21]

Mesmo assim, Rap Brown não poderia ser considerado o catalisador para uma nova lei federal antitumulto, mas o governador republicano de Maryland, um político relativamente desconhecido chamado Spiro Agnew, declarou no dia seguinte: "Agora a política deste estado deve ser a prisão imediata de qualquer pessoa que incite um tumulto e, assim, não permitir que essa pessoa termine seu discurso odioso." Agnew foi eleito como um político moderado, com apoio significativo de liberais e negros. Porém, sua nova retórica linha-dura o impulsionou à proeminência nacional instantânea, o que lhe garantiu a vaga de vice-presidente na convenção republicana um ano depois e definiu uma nova agenda política para os republicanos: ganhar votos brancos por meio da retórica "incisiva" contra militantes negros.[22]

Os brancos sulistas no Congresso tomaram a iniciativa de exigir uma lei federal antitumulto. Esses congressistas atribuíram todo o ativismo pelos direitos civis aos "agitadores externos", com o argumento comum de que "nossos negros estavam se saindo bem até que esses agitadores externos apareceram". É claro que, em 1967, o principal "agitador externo" nos Estados Unidos era Martin Luther King Jr. Nessa época, o Solid South era um reduto democrata (na verdade, 1968 marca o ponto de virada dos brancos sulistas de democratas para republicanos, com a campanha de George Wallace em um terceiro partido).

No Congresso, a Câmara dos Representantes aprovou um projeto de lei federal antitumulto em fevereiro de 1967, contestado pelos liberais do Norte sob o argumento de que era uma violação constitucional da liberdade de expressão e reunião. No verão de 1967, Ramsey Clark, procurador-geral do governo de Lyndon Johnson, se opôs publicamente, argumentando que as leis estaduais eram adequadas e que "agitadores externos não eram direta ou mesmo indiretamente responsáveis por esses motins".[23] Em janeiro de 1968, o presidente Johnson, em seu discurso do Estado da União, declarou que não apoiaria a legislação federal antitumulto, e o Senado não aprovou o projeto da Câmara.

No entanto, um mês depois, Johnson mudou de posição, na esperança de evitar a oposição republicana de "lei e ordem" à sua esperada pretensão à reeleição naquele outono. Ele também precisava do apoio dos democratas do Sul para a guerra cada vez mais impopular no Vietnã. Nesse ponto, o pacto com o diabo foi traçado. Os liberais do Senado vinham pressionando por uma nova lei de direitos civis, que incluiria uma seção de moradia aberta, tornando um crime federal a recusa dos proprietários em vender seus imóveis para negros. Mas o projeto de lei foi prejudicado pela ameaça de obstrução de pauta por parte dos democratas sulistas. O senador Strom Thurmond, da Carolina do Sul, apresentou um projeto de lei antimotins como uma emenda ao projeto de lei dos direitos civis. A essa altura, a única maneira de derrubar a obstrução e aprovar a Lei dos Direitos Civis de 1968 era aceitar a emenda antimotins como parte do projeto.

Assim, o Senado aprovou a Lei dos Direitos Civis de 1968 com a cláusula antitumulto. Os principais liberais do Senado votaram a favor: Robert Kennedy, Ted Kennedy, George McGovern e outros. Ao se congratularem pela aprovação, não mencionaram a parte antitumulto do projeto de lei. Todos os democratas sulistas votaram contra a aprovação devido à seção de moradia aberta. Johnson sancionou a lei em 11 de abril, sem mencionar o projeto de lei antimotins. Seu departamento de justiça, chefiado por Ramsey Clark, nunca aplicou a lei antitumulto em casos concretos.

A lei era hipócrita porque prometia "fazer alguma coisa" sobre os distúrbios que varreram os guetos negros dos Estados Unidos — mas, como Ramsey Clark argumentou, esses distúrbios não foram causados pelos famosos "agitadores externos" que supostamente cruzavam as fronteiras estaduais para incitar a violência. Os motins em Newark e Detroit, e antes em Watts, foram eventos locais nos quais comunidades negras reagiram às provocações da polícia local. O discurso de H. Rap Brown em Cambridge, Maryland, foi a exceção.

Nove meses após a aprovação da lei antitumulto, Nixon foi eleito; onze meses mais tarde, um grande júri federal em Chicago aceitou as primeiras denúncias com fulcro nas disposições antimotins da Lei de Direitos Civis de 1968. Os indiciados não eram militantes negros como H. Rap Brown, acusados de incitar rebeliões nos guetos, mas cinco líderes antiguerra dos protestos da convenção de Chicago (mais Bobby Seale, acusado das mesmas manifestações antiguerra). O congressista William Cramer, da Flórida, discursou na Câmara: "Como autor da lei antitumulto, é claro que me preocupei com a aparente recalcitrância do procurador-geral anterior em fazer cumprir suas disposições", disse. "É louvável a atitude do presidente e do procurador-geral Mitchell em implementar o primeiro passo essencial para restaurar a tranquilidade nos Estados Unidos."[24]

QUESTÕES LEGAIS: LISTA DE FALHAS APRESENTADA POR RAMSEY CLARK

Se Humphrey tivesse sido eleito em novembro de 1968, não haveria o julgamento da Conspiração de Chicago — foi o que disse Ramsey Clark, procurador-geral do governo de Lyndon Johnson. Clark descreveu a transcrição do julgamento como "um registro de tormento".[25] Ele deixou o cargo quando Nixon tomou posse em 20 de janeiro de 1969. Clark não era um pacifista; na época, era um liberal mainstream. Havia indiciado e processado líderes antiguerra, incluindo o Dr. Benjamin Spock, por "conspiração para ajudar e incitar a resistência ao recrutamento militar". (Ele também presidiu a ação federal em apoio aos direitos civis de maior projeção do século, incluindo a Lei de Direitos de Voto de 1965.) No julgamento de Chicago, Clark foi chamado como testemunha da defesa, que esperava que ele contasse ao júri por que se opunha à aplicação da lei. Mas o juiz Hoffman se recusou a permitir que o júri ouvisse seu depoimento.

Em seguida, Clark descreveu o julgamento de Chicago como um "fracasso miserável" e exortou os norte-americanos a aprenderem suas lições "para evitar os mesmos erros" no futuro. A lista de falhas é longa, a começar pela lei que criou um novo crime federal — o de cruzar fronteiras estaduais com a intenção de incitar um tumulto. Era uma lei cuja "gênese", sugeriu ele, foi "apenas o medo e a hipocrisia": as leis estaduais contra incitação e perturbação violenta da ordem deveriam ter sido suficientes, afirmou, caso um crime fosse cometido em Chicago pelos organizadores da manifestação.[26]

A segunda falha descrita por Clark surgiu no início: a recusa das autoridades de Chicago em emitir autorizações para que os opositores da guerra pudessem se reunir, ouvir discursos, marchar e se manifestar na Convenção Democrata. Afinal, eles tinham o direito assegurado pela Primeira Emenda de se juntar para discursar contra a guerra. Claro, é possível que alguns manifestantes cometessem atos violentos mesmo se as autorizações tivessem sido emitidas, mas é quase certo que a esmagadora maioria, não.

A terceira falha foi a sanção oficial para um tumulto instigado por ação da polícia. A liderança da cidade — ou seja, o prefeito Daley — deveria ter esclarecido que a disciplina policial era necessária e que a violação da lei pela polícia não seria tolerada. Em vez disso, ele passou a mensagem oposta aos policiais.

A acusação de conspiração nunca deveria ter sido feita, sugeriu Clark. O indiciamento deveria ter enfocado atos ilegais de violência e incitação. Na verdade, para ele, o fato de os réus terem sido absolvidos dessa acusação era um forte indício de que ela foi apenas uma manobra para possibilitar que todos tivessem um único julgamento-espetáculo, em vez de oito julgamentos separados.

Clark também sugeriu que Bobby Seale nunca deveria ter sido indiciado, pois não teve nada a ver com o planejamento do protesto, compareceu apenas no último minuto e fez um breve discurso no qual reafirmou o que ele e muitos outros militantes negros haviam dito "milhares de vezes" sem serem processados.[27]

Outra falha, afirmou Clark, foi colocar o caso nas mãos de um procurador intimamente ligado ao prefeito, alguém que estivera pessoalmente envolvido nos eventos em questão. Por fim, em sua opinião, atribuir o caso ao juiz Hoffman foi um erro. Ele não tinha o "temperamento adequado" para um julgamento de tamanha "volatilidade inerente".[28]

A decisão do procurador-geral do governo democrata anterior de não indiciar os líderes da manifestação de Chicago, suas críticas públicas às acusações e ao julgamento e sua disposição em testemunhar pela defesa enfatizam o fato de que este foi realmente um julgamento político desde o início.

QUESTÕES LEGAIS: A ESTRATÉGIA DE DEFESA

A defesa abordou o julgamento como uma farta oportunidade para apresentar o argumento antiguerra perante uma audiência nacional. Eles planejavam ir além da contestação dos fatos descritos no julgamento e, como Tom Hayden escreveu mais tarde, apresentar ao júri e ao país seu entendimento "do que estava acontecendo nos Estados Unidos que nos motivou a assumir uma posição em Chicago".[29] Além de argumentar que o julgamento foi uma tentativa do governo de desviar a atenção da guerra, eles desejavam reivindicar um "direito de resistência" norte-americano. Sua estratégia era parte do movimento de passar do protesto à resistência; eles queriam apresentar resistência no tribunal, para zombar do sistema e, assim, deslegitimá-lo; desejavam usar o julgamento para reunir as forças antiguerra em todo o país e, dentro do tribunal, apelar aos jurados com a doutrina radical da anulação da lei

— a noção de que o júri pode julgar tanto a lei quanto as provas e, desse modo, concluir que a lei é injusta e libertar os réus.

Além disso, em reuniões pré-julgamento, os réus se dividiram em relação às estratégias. Discordaram sobre a possibilidade de tentar conquistar alguns jurados com argumentos deliberados e racionais e, assim, acarretar um impasse do júri que evitaria vereditos de "culpado" e os manteria fora da prisão para continuar a organizar campanhas antiguerra — a posição de Hayden. A estratégia alternativa era perturbar, desafiar e, assim, "dessantificar" o sistema judiciário para o grande público — a visão dos Yippies, Abbie Hoffman e Jerry Rubin, e também de Dave Dellinger. Rennie Davis intermediou um meio-termo em que tanto a política antiguerra quanto o teatro da cultura jovem seriam apresentados — um total de 104 testemunhas de defesa que, juntas, personificariam a história dos anos 1960.

ENTENDENDO O VEREDITO

A estratégia de defesa não conseguiu o impasse do júri; no final, todos os doze jurados concordaram em condenar cinco réus pela acusação de incitação. Todos os réus foram considerados inocentes das outras acusações. Por que todos os doze jurados concordaram? Mais tarde, uma jurada contou sua história para o *Chicago Sun-Times* por vários milhares de dólares. Ela explicou que quatro jurados foram conquistados pela defesa e apoiaram vereditos de "inocente" em todas as acusações. As deliberações duraram quatro dias. Por duas vezes, eles disseram ao juiz que estavam em um beco sem saída e não conseguiriam chegar a um veredito unânime — o que teria resultado em impasse caso o juiz aceitasse sua declaração. Porém, como um dos jurados que apoiou os vereditos de "inocente" declarou mais tarde a Tom Hayden, "o oficial voltou, dizendo 'vocês têm que continuar deliberando'".[30]

"Não conseguíamos entender a denúncia. Não sabíamos realmente quais eram as acusações", escreveu Kay Richards — uma das juradas que votou a favor das condenações. Em vez de julgar as evidências de acordo com a lei, os doze jurados se dividiram: oito acreditavam que a punição era a maneira certa de lidar com os encrenqueiros rebeldes e quatro discordavam. Um membro do primeiro grupo declarou mais tarde à imprensa: "Esses réus nem se levantaram quando o juiz entrou. Quando não houver mais respeito, podemos desistir também dos Estados Unidos."[31] Certamente não era por isso que estavam sendo julgados.

Por fim, os jurados conseguiram se "conciliar" para um veredito, organizado por Kay Richards; "o julgamento tinha que ter algum tipo de conclusão apenas para provar sua eficácia", disse ela mais tarde. "Prejudica as pessoas, mas funciona." Claro que o júri não tinha a obrigação de provar que o sistema funcionava. Jean Fritz, que inicialmente defendeu vereditos de "inocente", mais tarde disse a Hayden que ela e seus três aliados não conseguiam dormir e "ficaram histéricos e desmaiaram" antes de concordar com a "conciliação". Depois que os vereditos foram lidos e o júri foi dispensado, "desmoronei", disse Fritz a Hayden. "Comecei a chorar e não conseguia parar. Eu repetia: 'Acabei de considerar cinco homens culpados por discursos de que nem me lembro'."[32] Portanto, a estratégia da acusação por trás do que poderiam ser consideradas denúncias enigmáticas foi bem-sucedida: dar aos jurados uma variedade de réus e acusações para que, em caso de impasse, eles pudessem encontrar um meio-termo, inocentando alguns e condenando outros.

No final do julgamento, o juiz Hoffman condenou cada um dos cinco "culpados" a cinco anos de prisão mais uma multa de US$5 mil. Ademais, assim como seus dois advogados, eles receberam uma pena de prisão por desacato ao tribunal. Todos foram libertados sob fiança até julgamento do recurso.

APÓS O JULGAMENTO: O RECURSO

Em novembro de 1972, o tribunal de apelações anulou todas as condenações. Primeiro, decidiu que o juiz estava errado ao rejeitar os avisos do júri de que não conseguiu chegar a um acordo sobre os vereditos. Isso por si só era "razão para reversão". O tribunal de apelações também determinou que o juiz tinha sido sistematicamente tendencioso contra a defesa e que a promotoria havia violado as regras em suas alegações finais — ambos motivos para reversão. E, uma vez que o júri rejeitou a acusação de conspiração, se o governo quisesse processar novamente os réus, eles teriam direito a julgamentos separados. Em caso de novo júri, o procurador-geral Ramsey Clark teria permissão para testemunhar.[33] O governo decidiu não prosseguir com a acusação de nenhum dos réus.

O tribunal de apelações também ordenou um novo julgamento em relação às acusações de desacato, que se realizou em Chicago em outubro de 1973, três anos e meio após o término do julgamento original. O juiz Hoffman sentenciou todos os oito réus e seus dois advogados por um total de 175 incidentes de desacato. Somadas, as sentenças totalizaram mais de dezenove anos; individualmente, variaram de dois meses e meio (Weiner) a mais de quatro anos (Seale e Kunstler). O juiz Hoffman ordenou que as sentenças por desacato fossem cumpridas simultaneamente com as penas das acusações originais, então, na prática, apenas Froines e Weiner, que foram absolvidos de todas as acusações, e Kunstler e Weinglass enfrentaram pena de prisão apenas por desacato.[34]

As regras da Suprema Corte para casos de desacato estabeleciam que, nas situações em que penas "graves" eram possíveis, era necessário haver um julgamento com júri e juiz distintos — penas "graves" passaram a ser definidas como sentenças de prisão de mais de seis meses. O juiz Hoffman listou cuidadosa e exaustivamente cada incidente de desacato e declarou uma pena específica. Muitas delas pareciam frívolas — por mandar um beijo para o júri (Abbie Hoffman), um dia na prisão; por rir no tribunal, sete dias. Eram mesmo crimes que mereciam penas de prisão? Normalmente, em um caso de desacato, todo o registro do julgamento era apresentado, em vez de incidentes separados, e uma única sentença, decretada. Aparentemente, o juiz Hoffman esperava que, prolatando sentenças separadas para atos independentes, cada uma tivesse menos de seis meses de duração e, assim, ele poderia evitar a exigência de um julgamento separado. Portanto, embora Kunstler e Seale tenham recebido sentenças de mais de quatro anos, nenhum incidente mereceu mais de seis meses.

O contexto político no qual as acusações de desacato foram julgadas novamente era muito diferente do julgamento original. Nixon foi reeleito com uma vitória esmagadora em novembro de 1972; George McGovern venceu apenas em Massachusetts. Nixon baseou sua campanha na alegação de que tinha "um plano secreto para acabar com a guerra", que mesmo assim continuou. Em dezembro de 1972, Nixon ordenou o bombardeio de Natal em Hanói — o mais brutal e destrutivo da guerra —, que foi encarado com indignação pelo movimento antiguerra nos Estados Unidos e ampla oposição no exterior. E o ataque não conseguiu mudar a posição do Vietnã do Norte nas negociações secretas de paz que estavam em andamento.

A guerra dos Estados Unidos no Vietnã terminou em janeiro de 1973 com um tratado que admitia a derrota. No Acordo de Paz de Paris, os Estados Unidos concordaram em retirar todas as suas tropas no prazo de sessenta dias e aceitaram a presença de tropas do Vietnã do Norte no Sul. Isso preservou a ficção de que o governo de Saigon era um aliado independente dos Estados Unidos; em troca, o Vietnã do Norte concordou em libertar os prisioneiros de guerra capturados quando os B-52s foram abatidos. Nesse ínterim, o *Washington Post* começou a publicar artigos de Bob Woodward e Carl Bernstein sobre o Watergate. Foi nesse momento que um outro juiz iniciou o novo julgamento sobre as acusações de desacato.

Na visão convencional, o desacato exibido no tribunal fazia parte de uma estratégia deliberada da defesa para atrapalhar o julgamento, para levar o confronto das ruas para dentro do tribunal. De acordo com essa visão, os incidentes listados pelo juiz Hoffman em suas acusações de desacato demonstravam a intenção dos réus de "deslegitimar o sistema". Alguns deles chegaram a afirmar isso durante e após o julgamento, mas um estudo cuidadoso mostra que não foi o caso. Harry Kalven, professor de direito da Universidade de Chicago que analisou as acusações de desacato, constatou que a maioria dos incidentes ocorreu em apenas dezesseis dias — durante um julgamento que durou cinco meses. Por longos períodos, de até semanas, praticamente não tiveram incidentes de desacato. Na verdade, todas as ocorrências graves citadas pelo juiz Hoffman foram desencadeadas por dois ou três eventos: a maneira como Bobby Seale foi tratado, primeiro com a negativa de seu direito de representar a si mesmo e, depois, o espetáculo intolerável em que foi amarrado e amordaçado; e então a revogação da fiança de Dave Dellinger, o mais velho e mais respeitado dos réus, e a sua prisão no final do julgamento. Kalven concluiu que a defesa não seguiu uma estratégia consistente para atrapalhar o processo de julgamento; ela apenas protestou em eventos específicos que pareciam ultrajantes e injustos não só para os réus, mas para muitos observadores.[35]

O novo julgamento em relação às acusações de desacato ocorreu perante um novo juiz, Edward Gignoux, do Maine. Após cinco semanas, ele decidiu que 146 das 159 acusações do juiz Hoffman não eram válidas. Declarou que cada um dos episódios poderia "ser considerado uma resposta, embora excessiva, à atitude autoritária do juiz". Apenas treze foram mantidas. Tom Hayden e Rennie Davis foram inocentados de todas as acusações de desacato, assim como John Froines, Lee Weiner e o advogado Leonard Weinglass. Quatro foram considerados culpados por algum ato de desacato — Jerry Rubin, Abbie Hoffman, Dave Dellinger e o advogado William Kunstler —, mas o juiz decidiu não impor quaisquer sentenças, sob o fundamento de que o tempo já passado na prisão era punição suficiente.

APÓS O JULGAMENTO: OS RÉUS[36]

A vida de **ABBIE HOFFMAN** após o julgamento foi, de certa forma, ainda mais incrível do que antes. Em 1971, ele publicou *Steal This Book* ["Roube Este Livro", em tradução livre], um guia para viver de graça, à margem da lei, nos Estados Unidos — nas palavras de seu biógrafo Jonah Raskin, descrevia uma era "em que ainda era possível para egressos do subúrbio encontrar um 'lugar para dormir' mais ou menos confortável em uma cidade estranha, obter assistência social e vale-refeição com relativa facilidade".

Dezenas de milhares de cópias foram compradas (ou roubadas). Porém, quando o movimento ruiu, Abbie se tornou traficante de cocaína e, em agosto de 1973, foi preso em um hotel da cidade de Nova York, estampando a primeira página dos jornais na cidade e chocando seus antigos amigos e fãs do movimento. Ele enfrentou uma sentença de quinze anos a perpétua. Ao sair sob fiança com a ajuda de um comitê de defesa que incluía Norman Mailer, Abbie decidiu quebrar a fiança e viver na clandestinidade no inverno de 1974. Em sua vida clandestina, tinha muito dinheiro, mas enfrentou problemas crescentes de depressão. Em seu livro de memórias de 1980, intitulado *Soon to Be a Major Motion Picture* ["Em Breve Será um Grande Filme", em tradução livre], descreveu episódios "psicóticos" em que "ansiava pela morte, mas não tinha energia ou iniciativa para ir adiante. Todos os dias começavam com pensamentos suicidas e de me entregar à justiça".[37]

De acordo com Raskin, ele foi salvo do suicídio nos anos 1970, ao retornar ao ativismo político — com uma nova identidade. "Barry Freed", um fervoroso organizador de uma entidade ambiental comunitária chamada "Save the River", que atuava em defesa do Rio St. Lawrence no interior do estado de Nova York. Primeiro, ele liderou delegações ao Capitólio estadual em Albany e, em 1979, a Washington, D.C., para visitar o congressista local. O senador Daniel Patrick Moynihan posou para fotos ao seu lado e declarou à imprensa: "Todos no estado de Nova York têm com Barry Freed uma dívida de gratidão por sua capacidade de organização." Cada vez mais ansioso para se entregar, ele conseguiu uma entrevista com Barbara Walters no programa *20/20*, da rede ABC, onde revelou ser Abbie. A apresentadora foi totalmente arrebatada por sua história e, de acordo com Raskin, "transformou o programa em um veículo para a causa de Abbie".[38]

Então, em 4 de setembro de 1980, na frente de uma centena de repórteres e fotógrafos na cidade de Nova York, Abbie se entregou após seis anos e meio na clandestinidade. Ele obteve fiança e se confessou culpado por posse de cocaína; em troca, as acusações de tráfico e quebra da fiança foram retiradas. Cumpriu dois míseros meses em uma prisão de segurança mínima e, depois, foi posto em regime semiaberto em um programa de trabalho em Manhattan.

Antes de ir para a prisão, Abbie procurou tratamento para a depressão em segredo. Os médicos o diagnosticaram com transtorno bipolar e prescreveram lítio. De vez em quando, falava sobre sua condição, mas não tomava a medicação de maneira consistente. Foi resgatado de uma tentativa de suicídio no inverno de 1983 e, no final da década de 1980, retornou ao ativismo político — no episódio mais famoso, foi preso em 1985 junto com Amy Carter, filha do ex-presidente, ao protestar contra o recrutamento da CIA na Universidade de Massachusetts. Tornou-se uma figura notória na mídia e celebridade, com amigos em Hollywood e na TV; o ex-presidente Carter declarou: "Abbie Hoffman é um herói folk."[39]

No entanto, em 1988, a depressão esmagadora voltou, quando ele morava em Bucks County, Pensilvânia; segundo Raskin, Abbie começou a se preparar novamente para cometer suicídio, organizando seus negócios e suas despedidas. Em 4 de abril de 1989, ele compareceu na Universidade Vanderbilt, no Tennessee, na companhia de Timothy Leary e Bobby Seale. Seria sua última aparição pública e, de acordo com Raskin, "ele planejou assim". Abbie Hoffman falou sobre os anos 1960: "Éramos jovens, imprudentes, arrogantes, tolos, obstinados — e estávamos certos. Não me arrependo de nada. Acabamos com a segregação legal. Acabamos com a ideia de que você pode enviar 1 milhão de soldados a 16 mil quilômetros de distância para lutar em uma guerra que as pessoas não apoiam. Acabamos com a ideia de que as mulheres são cidadãs de segunda classe. As grandes batalhas vencidas naquele período de guerra civil e conflito não podem ser revertidas."[40]

Uma semana depois, em 12 de abril de 1989, Abbie trancou a porta de seu apartamento, despejou o equivalente a 150 cápsulas de fenobarbital em um copo de uísque, bebeu a mistura, deitou-se na cama vestido e adormeceu pela última vez. Em seus dias finais, seus pensamentos estavam nos anos 1960. Pouco antes de cometer suicídio, questionou: "Será que pode acontecer de novo?" E ele mesmo respondeu: "De jeito nenhum. Nunca vai acontecer novamente."[41] Abbie tinha 52 anos.

RENNIE DAVIS tinha sido um dos líderes mais talentosos e eficazes do movimento antiguerra, e um dos mais sãos, em uma época em que nem todos eram; portanto, sua transformação durante os anos 1970 foi a mais perturbadora e desanimadora. No início, ele continuou trabalhando como organizador antiguerra de grandes mobilizações nacionais, uma em maio de 1970 e outra em maio de 1971 — esta última com o objetivo declarado de "parar o governo", terminando com cerca de 13 mil manifestantes presos. Rennie se manifestou na Convenção Nacional Republicana de 1972 em Miami, na renomeação de Nixon como candidato, e novamente nos protestos contra sua segunda posse em janeiro de 1973. Naquele mês, ele foi a Paris acompanhar a assinatura do acordo de paz que encerrou a participação dos Estados Unidos na guerra.

O capítulo seguinte de sua vida é conhecido principalmente por Tom Hayden, seu melhor amigo e companheiro mais próximo. Rennie ganhou uma passagem de avião para a Índia de um ex-colega de quarto, seguidor de um obscuro guru indiano, Maharaj Ji, de 15 anos (não confunda com o guru dos Beatles, Maharishi Mahesh Yogi). Quando voltou, disse a Tom: "Sei que você vai achar que é loucura, que eu perdi a cabeça" e descreveu uma experiência de conversão clássica — um momento "total e extático" em que perdeu sua identidade e se sentiu indefeso. Declarou que se dedicaria a converter pessoas ao guru e à sua missão, a Divine Light Mission, começando com a organização de um evento gigantesco no Houston Astrodome. Disse a Tom que conseguiria a participação de John Lennon e Bob Dylan, que Walter Cronkite faria a cobertura e que 100 mil convertidos compareceriam. Posteriormente, Tom relatou sua impressão ao ver a transformação do melhor amigo: "Achei que iria vomitar."[42]

Em 1974, houve uma cisão na organização quando o guru Maharaj Ji, então com 16 anos, se casou com uma comissária de bordo de 25 anos. De acordo com a revista *People*, a mãe do guru o deserdou, alegando que o filho consumia bebidas alcoólicas, comia carne e frequentava boates. Ela assumiu o controle da organização e demitiu os mahatmas que não a apoiaram.[43]

Rennie deixou a organização e, de acordo com seu site, na década de 1980 tornou-se "o sócio-gerente de uma empresa de consultoria com uma clientela exclusiva de famílias abastadas, membros de conselho e diretores de empresas Fortune 500". Na década de 1990, ele tirou quatro anos "sabáticos", que incluíram um tempo no deserto, onde, segundo declarou mais tarde a entrevistadores, teve um insight profundo sobre a condição humana: "A causa do sofrimento" não é "o que está fora do 'eu'", mas "o medo dentro de nós mesmos... Tudo vem de dentro". Para ele, essa era "uma nova visão tão transformadora e radical quanto uma mudança quântica na consciência coletiva, como quando ocorreu a conscientização de que a Terra era redonda, e não plana".[44]

Para difundir sua nova visão, Rennie se tornou investidor de risco e professor de autoconsciência. Em 2005, fundou uma empresa chamada "Ventures for Humanity", uma sociedade limitada com sede em Las Vegas cujo objetivo é "comercializar tecnologias inovadoras". De acordo com o site da empresa, seus projetos incluem uma "Ferramenta para Ar Limpo", que permitirá a toda a humanidade "retornar o ar à condição original de uma era pré-industrial", e o "Vidro do Futuro", uma "descoberta revolucionária" para criar "finas telas de televisão... do tamanho de um enorme prédio de vidro".[45]

JERRY RUBIN ficou famoso por cunhar o slogan "Não confie em ninguém com mais de 30 anos". Em 1968, enfrentou uma inevitável crise pessoal após completar 30 anos. No meio do julgamento de Chicago, ele publicou um livro intitulado *Do It!* [sem publicação no Brasil] — a contracapa o descrevia como "O Manifesto Comunista de nossa era... Uma declaração de guerra entre as gerações — conclamando os jovens a deixarem suas casas, incendiarem suas escolas e criarem uma nova sociedade sobre as cinzas da antiga".[46] Apesar da retórica inflamada, em 1972, Jerry alegou que deveríamos "trabalhar dentro do sistema" para eleger McGovern, o que lhe rendeu a ridicularização por parte da geração mais jovem de ativistas pós-Yippie.

À medida que a era se aproximava do fim, ele teve um insight brilhante: percebeu que muitos jovens rebeldes dos anos 1960 se tornariam empreendedores de sucesso nos anos 1970 e que elementos da contracultura logo permeariam a cultura dominante, especialmente na publicidade e na mídia. Decidiu liderar o caminho com uma transformação radical de Yippie em yuppie — cortou o cabelo, vestiu um terno e foi trabalhar em Wall Street. Montou "salões de networking" onde jovens aspirantes a empreendedores pagavam muito dinheiro para se reunirem em badalados clubes noturnos em Manhattan. Ele fez o possível para parecer entusiasmado e otimista, mas a mídia foi brutal com sua transformação, ridicularizando-o regularmente.

Em seu livro de 1976, *Growing (Up) at 37* [sem publicação no Brasil], Jerry descreveu sua transformação: "Nós, ativistas da década de 1960, acabamos perdendo contato com nós mesmos... No movimento de consciência dos anos 1970, tenho uma nova visão: uma pessoa amorosa sem expectativas, que vive de acordo com seus sentidos e no momento presente."[47] Durante os anos 1980, ele fez uma turnê de palestras universitárias com Abbie Hoffman intitulada "Yippie versus Yuppie", na qual discutiam em público e Abbie o acusava de ter se vendido — foi um sucesso imenso. Jerry concentrou suas energias empreendedoras em alimentos saudáveis e, em 1991, mudou-se para Los Angeles e se tornou distribuidor de uma empresa texana que vendia uma bebida chamada "Wow".

Em 28 de novembro de 1994, ele morreu aos 56 anos, após ser atropelado por um carro ao atravessar fora da faixa na Willshire Boulevard, próximo à UCLA, no oeste de Los Angeles.[48] Tom Hayden argumenta que Jerry foi mal interpretado depois do julgamento: "Ele nunca se tornou de direita", me disse; "um empresário, um capitalista de risco, sim; um republicano, não".

DAVE DELLINGER permaneceu um ativista antiguerra em tempo integral após o julgamento. Em 1972, ajudou a planejar manifestações na Convenção Nacional Democrata em Miami, onde George McGovern foi escolhido para concorrer. Enquanto Jerry Rubin e Abbie Hoffman apoiavam o político, Dellinger se opunha a ele, por trair seus princípios a fim de obter a nomeação do partido — por ser contrário aos direitos dos homossexuais e à garantia de renda mínima para os pobres.[49]

Dellinger escreveu vários livros após o julgamento, incluindo uma autobiografia de 1996, *From Yale to Jail: The life story of a moral disenter* [sem publicação no Brasil]. Ao reavaliar sua oposição a Humphrey em 1968, em vista de todos os danos que Nixon causara ao país, manteve seu argumento original de que o histórico de Humphrey tornara impossível apoiá-lo.

Em 1992, ele e mais doze pessoas participaram de um "Jejum do Povo por Justiça e Paz nas Américas" que durou 42 dias. O protesto coincidiu com o Dia de Colombo, cujos abusos em relação aos aruaques Dellinger sempre alardeou. Ele se concentrava principalmente na oportunidade que se abria aos Estados Unidos — após o colapso da União Soviética — de acabar com os males do militarismo, racismo e capitalismo.[50]

Em 1996, durante a convenção do Partido Democrata, Dellinger foi a Chicago para discursar em um comício da "Stop the Drug War" [Pare a Guerra às Drogas] no Grant Park. Quando os Estados Unidos bombardearam a Iugoslávia, ele fez um protesto pacífico no escritório de seu congressista, Bernie Sanders, que tinha apoiado a decisão. Com 83 anos, foi preso em uma manifestação contra um reator nuclear. Aos 85 anos, levantou-se às 3h e pegou carona até a cidade de Quebec para protestar contra o Acordo de Livre Comércio da América do Norte. Morreu em 2004, em Vermont, aos 88 anos.[51]

BOBBY SEALE havia sido preso em maio de 1969 — três meses antes de ser indiciado como parte da Conspiração de Chicago —, acusado no estado de Connecticut, junto com outros sete Panteras, de torturar e assassinar um membro do Partido dos Panteras Negras de Nova York que suspeitavam ser informante da polícia. Em agosto, Seale foi indiciado pelo grande júri de New Haven sob a acusação de ordenar a execução. Na época em que o julgamento da Conspiração de Chicago começou, ele estava detido na prisão em São Francisco pelas acusações de Connecticut.

Em 1970, o julgamento de New Haven tomou conta da vida de Seale. Em 1º de janeiro, dois meses após seu processo ser desmembrado dos demais réus da Conspiração de Chicago, Ronald Reagan, governador da Califórnia, ordenou sua extradição para New Haven a fim de que respondesse às acusações de assassinato. O julgamento dos Panteras tornou-se uma questão política nacional — um comício em 1º de maio atraiu mais de 10 mil pessoas, a maioria estudantes. Universitários de Yale entraram em greve, e uma de suas reivindicações era a liberdade de Seale e dos outros Panteras. No julgamento, dois Panteras de New Haven se declararam culpados das acusações de homicídio doloso sem premeditação e um terceiro foi condenado por conspiração, mas nenhum deles implicou Seale, e as acusações contra ele foram retiradas.[52]

As acusações de New Haven faziam parte de uma campanha para destruir o Partido dos Panteras Negras, iniciada pelo diretor do FBI, J. Edgar Hoover, que, em junho de 1969, afirmou: "O Partido dos Panteras Negras, sem dúvida, representa a maior ameaça à segurança interna dos EUA." O Relatório Anual do FBI de 1970 declarou que os Panteras eram "o grupo extremista mais perigoso e propenso à violência" do país.[53] Em 1970, o advogado do partido, Charles Garry, afirmou que 28 Panteras foram mortos pela polícia, enquanto muitos outros estavam presos, e alguns, como Eldridge Cleaver, se exilaram do país para evitar a prisão. (Em um artigo de 1971, Edward Jay Epstein comprovou que, na verdade, "apenas" dez Panteras haviam sido mortos pela polícia.)[54]

Em 1973, Seale concorreu à prefeitura de Oakland, obtendo 40% dos votos. O Partido entrou em declínio quando seus líderes se dividiram; primeiro Seale rompeu com Eldridge Cleaver — Seale e o cofundador Huey Newton apoiavam os programas comunitários, enquanto Cleaver, exilado na Argélia, clamava por revolução. Então, em 1974, Huey Newton fugiu para Cuba a fim de evitar as acusações relacionadas a drogas. No mesmo ano, Seale renunciou à presidência do Partido.[55] Em 1978, ele publicou sua segunda autobiografia, *A Lonely Rage,* descrevendo suas experiências de infância. A primeira foi publicada em 1970, com o título *Seize the Time* [ambas sem publicação no Brasil].

Atualmente, o site de Bobby Seale (www.BobbySeale.com) oferece vídeos e palestras sobre a história e o legado do Partido dos Panteras Negras, bem como um livro de receitas de churrasco.

JOHN FROINES se tornou um químico renomado que, durante a administração Carter, atuou como diretor de controle de substâncias tóxicas da Agência de Segurança e Saúde Ocupacional. Em 1981, juntou-se ao corpo docente da UCLA como professor de ciências da saúde ambiental. Atualmente, é diretor do Centro de Saúde Ocupacional e Ambiental da UCLA e diretor do Programa de Treinamento e Pesquisa da UCLA-México/América Latina. O programa treinou centenas de funcionários do governo, estudantes e profissionais mexicanos.

LEE WEINER trabalhou durante anos em Washington como especialista em mala direta para organizações sem fins lucrativos e candidatos políticos. Em meados dos anos 1990, tornou-se diretor de projetos especiais da Liga Antidifamação da Cidade de Nova York.

LEONARD WEINGLASS[i] teve uma carreira distinta como um dos principais advogados radicais dos Estados Unidos. Representou Mumia abu Jamal, recorrendo de sua sentença de morte até ser demitido da equipe de defesa em 2001. Tirou Kathy

---

i Morreu em março de 2011, aos 78 anos. [N. da T.]

Boudin da prisão em 2003, depois que ela cumpriu 22 anos por participar do assassinato de dois policiais como integrante de um grupo radical negro em um fracassado assalto a carro-forte.

WILLIAM KUNSTLER permaneceu um advogado extravagante e famoso entre os impopulares. Defendeu os líderes do Movimento Indígena Norte-americano, o queimador da bandeira Joey Johnson, o mafioso John Gotti, além do extremista muçulmano que atirou e matou o rabino Meir Kahane. Em 1994, publicou um livro de memórias, *My Life as a Radical Lawyer* [sem publicação no Brasil]. Morreu em setembro de 1995, aos 76 anos.

TOM HAYDEN,[ii] após o julgamento, intensificou seu trabalho antiguerra antes das eleições de 1972, organizando a Indochina Peace Campaign, cuja estratégia era repelir os elementos mais marginais da esquerda e trabalhar no mainstream. Junto com Jane Fonda, Holly Near e outros, viajou pelo país, visitando noventa cidades e discursando várias vezes ao dia. A campanha apoiou McGovern para presidente. Ele e Jane Fonda se casaram e tiveram um filho.

Em 1975, quando a guerra finalmente terminou, Hayden decidiu entrar para a política e, nas primárias da Califórnia em 1976, desafiou o senador democrata em exercício, John Tunney. A ideia era construir uma organização política de base em todo o estado que, após a guerra, disseminasse a força do movimento antiguerra a novas áreas políticas. Com a ajuda de muitos outros, sua campanha desenvolveu um programa que propunha desafiar o "Governo das Corporações" em prol do "Governo do Povo". Tunney, um democrata tradicional, liderou nas pesquisas iniciais, com uma di-

---

ii Morreu em outubro de 2016, aos 76 anos. [N. da T.]

ferença de 55% para 15%. No dia da eleição, Tunney obteve 54%, mas Hayden aumentara seu apoio para 37%, o que, segundo escreveu mais tarde, "foi como uma vitória".[56]

Com os democratas na Casa Branca (Jimmy Carter) e no governo estadual da Califórnia (Jerry Brown), a nova organização de Tom, a Campaign for Economic Democracy, elegeu candidatos locais em todo o estado, aprovou a legislação de controle de aluguéis e lutou contra a utilização de energia nuclear. Trabalhando a partir de uma base em Santa Monica, Hayden venceu a eleição para a assembleia da Califórnia em 1982 e para o senado estadual em 1992, vencendo sete eleições e atuando por dezoito anos, sempre pelo Partido Democrata. Ele lutou pelos imigrantes que trabalham em condições desumanas, estudantes que enfrentam os altos custos do ensino, pelo meio ambiente e contra a indústria do tabaco. O jornal *Sacramento Bee* chamou-o de "a consciência do Senado".[57] Ele escreveu vários livros, incluindo uma maravilhosa autobiografia, *Reunion* [sem publicação no Brasil].

As gigantescas manifestações antiglobalização nas ruas de Seattle, ocorridas em 1999, convenceram Hayden de que uma nova geração havia estabelecido novos padrões de compromisso e militância. Após finalizar seu mandato na assembleia estadual em 1999, ele perdeu por uma pequena margem a eleição para a câmara municipal de Los Angeles e começou a lecionar na Occidental College. Em 2005, conforme a guerra no Iraque se parecia cada vez mais com a guerra do Vietnã, Tom organizou uma campanha em torno de "uma estratégia de saída para o Iraque agora".[58]

Cronologia

Esta cronologia foi resumida de "Chicago '68: A Chronology", por Dean Blobaum, publicada em http://www.geocities.com/dblobaum/, e foi usada com sua permissão.

1967

21 a 22 de outubro: Uma manifestação no Pentágono, organizada pela Mobilização Nacional para Acabar com a Guerra do Vietnã ("o Mobe"), atrai cerca de 100 mil pessoas. Posteriormente, o Mobe começa a falar sobre a organização de protestos antiguerra durante a Convenção Nacional Democrata de 1968, onde se espera que o presidente Johnson seja indicado pelo partido para concorrer a um segundo mandato.

30 de novembro: O senador Eugene McCarthy entra oficialmente na disputa pela indicação presidencial do Partido Democrata, desafiando o presidente Johnson com uma plataforma antiguerra.

31 de dezembro: Ativistas que festejam no loft de Abbie Hoffman, em Nova York, decidem realizar um Festival da Vida durante a "Convenção da Morte" dos democratas. Paul Krassner batiza o grupo de "Yippies".

1968

30 de janeiro: A Ofensiva do Tet começa no Vietnã do Sul; tropas vietnamitas e norte-vietnamitas atacam alvos em todo o Vietnã do Sul, chegando a atingir a Embaixada dos Estados Unidos em Saigon. O divisor de águas no apoio público à guerra.

1º de fevereiro: Richard Nixon entra na disputa pela indicação presidencial do Partido Republicano.

12 de março: Eugene McCarthy quase derrota Johnson nas primárias de New Hampshire, demonstrando a impopularidade do presidente e da guerra.

16 de março: O senador Robert Kennedy volta atrás em sua decisão e anuncia sua candidatura.

22 a 23 de março: Uma conferência do Mobe em Lake Villa, Illinois, reúne o Mobe, a Students for a Democratic Society (SDS) e os ativistas Yippies para planejar as manifestações da Convenção.

31 de março: Lyndon Johnson declara que não concorrerá à reeleição.

4 de abril: O reverendo Martin Luther King Jr. é assassinado em Memphis, Tennessee. Motins eclodem em mais de cem cidades. No lado oeste de Chicago, nove negros são mortos e vinte quarteirões da cidade são queimados.

11 de abril: O presidente Johnson assina a Lei dos Direitos Civis de 1968. Embora trate principalmente de moradias abertas, a lei também inclui uma nova lei federal antitumulto, criminalizando viagens interestaduais com a intenção de incitar um tumulto.

15 de abril: O prefeito de Chicago, Richard J. Daley, critica publicamente o tratamento cauteloso do superintendente de polícia, James Conlisk, em relação aos distúrbios que se seguiram ao assassinato de King. Ele disse que deu ordens específicas à polícia: "atirar para matar" incendiários e "atirar para mutilar ou aleijar" saqueadores.

23 de abril: Na Universidade Columbia, em Nova York, os alunos desfavoráveis aos contratos de defesa e ao novo ginásio a ser construído em um parque do Harlem ocupam vários prédios do campus. Eles são expulsos pela polícia municipal uma semana depois: 150 feridos, 700 prisões.

27 de abril: O vice-presidente Hubert H. Humphrey anuncia sua candidatura à indicação presidencial do Partido Democrata.

6 a 30 de maio: As manifestações estudantis na França acarretam uma greve geral em todo o país. Dez milhões de trabalhadores entram em greve, 10 mil enfrentam a polícia em Paris.

10 de maio: As negociações de paz são abertas em Paris com Averell Harriman representando os Estados Unidos e Xan Thuy, o Vietnã do Norte. As negociações logo chegam a um impasse em relação à demanda norte-vietnamita pelo fim de todos os bombardeios dos Estados Unidos ao Vietnã do Norte. Em maio, mais de 2 mil soldados norte-americanos morrem em combate, a maior perda mensal da guerra.

14 de maio: J. Edgar Hoover, diretor do FBI, envia um memorando a todos os escritórios de campo, iniciando um programa de contraespionagem (COINTELPRO) para desmantelar novos grupos de esquerda.

5 de junho: O senador Robert Kennedy é assassinado em Los Angeles logo após declarar vitória nas primárias presidenciais do Partido Democrata da Califórnia.

15 de julho: Os Yippies solicitam autorização para acampar no Lincoln Park (a cerca de três quilômetros ao norte do Chicago Loop) e se reunir em Soldier Field (nas margens do lago ao sul do Loop).

29 de julho: O Mobe solicita autorização para marchar e se reunir no Anfiteatro Internacional (local da Convenção Democrata a cerca de oito quilômetros a sudoeste do Loop) e no Grant Park (logo a leste do Loop). Todas as autorizações são negadas, exceto uma que permite o uso da concha acústica do Grant Park para um comício.

8 de agosto: Na Convenção Nacional Republicana em Miami Beach, Flórida, Richard M. Nixon é indicado para concorrer à presidência. Ao mesmo tempo, não muito longe, nos bairros negros de Miami, motins resultam em quatro mortes e centenas de prisões.

10 de agosto: O senador George S. McGovern anuncia sua candidatura à indicação presidencial do Partido Democrata.

21 de agosto: Tanques e tropas soviéticas invadem a Tchecoslováquia para suprimir o movimento de reforma da "Primavera de Praga".

Semana da Convenção

23 de agosto, sexta-feira: Na praça do Civic Center (localizada no Loop e hoje conhecida como Daley Center), os Yippies indicam seu candidato à presidência — Pigasus, o porco. Sete Yippies e o porco são presos.

Quase 6 mil guardas nacionais são mobilizados e praticam exercícios de controle de distúrbios. Pelotões de polícia especiais fazem o mesmo.

24 de agosto, sábado: As sessões de treinamento dos organizadores do Mobe continuam no Lincoln Park. Eles praticam coreografias, técnicas de caratê e de proteção de multidões. O Women Strike for Peace realiza um piquete de mulheres no Hilton Hotel, onde muitos delegados estão hospedados. No toque de recolher às 23h, os cânticos do poeta Allen Ginsberg e o músico Ed Sanders lideram as pessoas para fora do parque.

25 de agosto, domingo: A marcha "Meet the Delegates", do Mobe, reúne cerca de 800 manifestantes no Grant Park, em frente ao Hilton Hotel. O Festival da Vida, no Lincoln Park, é iniciado com música; 5 mil ouvem MC-5 e bandas locais tocarem. A polícia se recusa a permitir que um caminhão-plataforma seja levado para ser usado como palco. Começa um tumulto em que vários são presos e outros são espancados. Chegam reforços da polícia.

No toque de recolher às 23h, a maior parte da multidão, agora em torno de 2 mil, deixa o parque antes de uma revista policial.

A barreira policial se move em direção à multidão, empurrando-a para a rua. Muitos são agredidos, incluindo repórteres e fotógrafos. A multidão se dispersa na área de Old Town, onde os conflitos continuam.

26 de agosto, segunda-feira: No início da manhã, Tom Hayden está entre os presos. Mil manifestantes marcham em direção à sede da polícia na esquina da rua Eleventh com a State. Dezenas de policiais cercam o prédio. A marcha se move para o norte, em direção ao Grand Park, engolindo a estátua do General Logan. A polícia reage liberando a colina e o monumento.

No Anfiteatro, o prefeito Daley abre formalmente a Convenção Nacional Democrata de 1968.

Com a aproximação do toque de recolher, alguns no Lincoln Park constroem uma barricada contra a barreira policial ao leste. Cerca de mil manifestantes permanecem no parque depois das 23h. Um carro da polícia invade a barricada e é atingido por pedras. A polícia reage com gás lacrimogêneo. Assim como no domingo, segue-se a violência nas ruas. Mas é pior. Alguns residentes da área são retirados de suas varandas e espancados. Mais repórteres são atacados nesta noite do que em qualquer outro momento da semana.

27 de agosto, terça-feira: Por volta das 19h, o presidente do Partido dos Panteras Negras, Bobby Seale, discursa no Lincoln Park. Ele exorta as pessoas a se defenderem por todos os meios necessários se forem atacadas pela polícia.

Uma "Festa de Desaniversário para Lyndon Johnson" acontece no Coliseu de Chicago. Entre os artistas e palestrantes estão Ed Sanders, Abbie Hoffman, David Dellinger, Terry Southern,

Jean Genet, William Burroughs, Dick Gregory, Allen Ginsberg, Phil Ochs e Rennie Davis. Em seguida, 2 mil pessoas marcham do Coliseu até Grant Park.

No Lincoln Park, cerca de 2 mil manifestantes permanecem no local após o toque de recolher. Mais uma vez, o gás lacrimogêneo e os golpes de cassetete da polícia esvaziam o parque.

No Grant Park, em frente ao Hilton, onde estão as câmeras de televisão, cerca de 4 mil manifestantes se reúnem para os discursos de Julian Bond, Rennie Davis e Tom Hayden. A manifestação é pacífica. Às 3h, a Guarda Nacional substitui a polícia. A multidão tem permissão para pernoitar no Grant Park.

28 de agosto, quarta-feira: Entre 10 mil e 15 mil pessoas se reúnem na antiga concha acústica do Grant Park para o comício antiguerra do Mobe. Dellinger, Gregory, Ginsberg, Norman Mailer, Jerry Rubin, Carl Oglesby, Hayden e muitos outros discursam. Seiscentos policiais cercam a manifestação.

Na convenção dentro do Anfiteatro, a plataforma de paz proposta para a campanha do Partido Democrata é rejeitada.

No comício da concha acústica, a notícia da derrota da plataforma de paz é ouvida nas rádios. Um jovem sobe no mastro da bandeira perto da concha acústica. A polícia abre caminho pela multidão para prendê-lo. Uma barreira de organizadores do Mobe é formada entre a polícia e a multidão. A polícia ataca a barreira de organizadores. Rennie Davis é espancado até ficar inconsciente.

No final do comício, Dellinger anuncia uma marcha até o Anfiteatro. Seis mil se juntam à linha de marcha, mas a polícia se recusa a permitir que se mova. Milhares se aglomeram na Michigan Avenue. A polícia tenta liberar as ruas: manifestantes e transeuntes são atacados com cassetetes e spray de pimenta, espancados e presos. Alguns revidam e a violência se agrava. A confusão dura cerca de dezessete minutos e é filmada pelas equipes de TV posicionadas no Hilton. Embora este provavelmente não seja o episódio mais violento da Semana da Convenção — os conflitos no Lincoln Park e em Old Town foram mais brutais —, ele atrai mais a atenção da mídia de massa.

Dentro do Anfiteatro, as nomeações para as eleições presidenciais estão em andamento. O senador Abraham Ribicoff, em seu discurso de nomeação de George McGovern, denuncia as "táticas da Gestapo nas ruas de Chicago". A resposta do prefeito Daley acontece diante das câmeras, aos berros, mas fora do microfone. Leitores labiais identificaram os gritos como: "Vai se foder, seu judeu desgraçado, seu filho da puta nojento, vai para casa." Hubert H. Humphrey vence a nomeação do partido na primeira votação.

Quinhentos delegados antiguerra marcham do Anfiteatro até o Hilton; muitos se juntam aos 4 mil manifestantes no Grant Park. Novamente, os manifestantes têm permissão para passar a noite no parque.

29 de agosto, quinta-feira: O senador Eugene McCarthy discursa para cerca de 5 mil pessoas reunidas no Grant Park. Várias tentativas são feitas para marchar até o Anfiteatro. Um grupo de delegados tenta liderar uma marcha, mas é rechaçado com gás lacrimogêneo.

Perto da meia-noite, a Convenção Nacional Democrata de 1968 é suspensa. A contagem de prisões por distúrbios da Semana da Convenção é de 668. Um número indeterminado de manifestantes sofreu ferimentos, e os hospitais relataram ter atendido 111 manifestantes. As equipes médicas de rua do Medical Committee for Human Rights estimam o atendimento de mais de mil manifestantes no local. O departamento de polícia relata que 192 policiais ficaram feridos, sendo que 49 deles procuraram tratamento hospitalar.

30 de agosto, sexta-feira: Durante a Semana da Convenção, 308 norte-americanos foram mortos e 1.144 ficaram feridos na guerra do Vietnã.

9 de setembro: Em uma entrevista coletiva, o prefeito Daley declara, em uma de suas notórias gafes: "O policial não está lá para criar desordem, está lá para preservar a desordem."

5 de novembro: Nixon é eleito, derrotando Humphrey por cerca de 600 mil votos. George Wallace recebe cerca de 13% dos votos em todo o país, vencendo em cinco estados do Sul.

1º de dezembro: Lançamento de *Rights in Conflict* [sem publicação no Brasil], comumente chamado de Relatório Walker. A Comissão Nacional para as Causas e Prevenção da Violência, encarregada de analisar os distúrbios da Semana da Convenção, analisa mais de 20 mil páginas de declarações de 3.437 testemunhas oculares e participantes, 180 horas de filme e mais de 12 mil fotografias. O Relatório Walker conclui que os eventos de Chicago em 1968 foram um "tumulto policial".

1969

20 de janeiro: Nixon toma posse como presidente.

20 de março: Rennie Davis, David Dellinger, John Froines, Tom Hayden, Abbie Hoffman, Jerry Rubin, Bobby Seale e Lee Weiner são indiciados por acusações federais de conspirar para cruzar as fronteiras estaduais "com a intenção de incitar, organizar, promover, encorajar, participar e realizar um tumulto". Seis réus — Dellinger, Hayden, Davis, Hoffman, Rubin e Seale — também são individualmente acusados de incitação à violência. Cada uma das duas acusações acarreta uma pena de cinco anos; cada réu enfrenta, portanto, uma pena de prisão de dez anos. Além da acusação de conspiração, a denúncia acusa Froines e Weiner "de ensinarem e demonstrarem a outras pessoas o uso, a aplicação e a fabricação de dispositivos incendiários".

O mesmo grande júri federal que aceitou a denúncia também acusou oito policiais de Chicago de violações dos direitos civis por agredirem manifestantes e repórteres. Nenhum dos policiais foi condenado. (Após investigações internas, 41 oficiais do Departamento de Polícia de Chicago foram punidos e dois se demitiram, por infrações como remover seus crachás e suas placas de identificação durante o serviço na Semana da Convenção.)

8 de junho: As forças norte-americanas começam a se retirar de forma gradual do Vietnã quando Nixon anuncia que cerca de 25 mil soldados serão desmobilizados.

24 de setembro: O julgamento de conspiração dos 8 de Chicago começa no tribunal do juiz Julius Hoffman.

8 a 11 de outubro: A facção Weatherman, da SDS, realiza suas Ações Nacionais — os chamados Dias de Fúria — em Chicago. A participação é ínfima. Os participantes correm pelas ruas empunhando canos, atacando a polícia e quebrando vitrines e carros.

15 de outubro: Estima-se que 2 milhões de pessoas em cidades de todo o país participem do primeiro Dia da Moratória contra a guerra.

29 de outubro: Bobby Seale é amarrado e amordaçado no tribunal após reafirmar várias vezes seu direito a um advogado de sua própria escolha ou de representar a si mesmo.

5 de novembro: A anulação do julgamento é declarada no caso de Bobby Seale e um novo julgamento separado é ordenado. Os 8 de Chicago se tornam os 7 de Chicago. Seale é condenado a quatro anos por desacato; posteriormente, a sentença é revertida. Seale nunca é condenado por quaisquer acusações relacionadas à Semana da Convenção.

15 de novembro: Uma marcha organizada pelo Mobe atrai cerca de 500 mil pessoas a Washington, D.C.; 150 mil participam de uma passeata em São Francisco.

4 de dezembro: Em uma operação matinal, a polícia de Chicago dispara quase cem tiros em um apartamento de West Side. O presidente do Partido dos Panteras Negras de Illinois, Fred Hampton, e um dos membros, Mark Clark, são mortos.

1970

18 de fevereiro: O julgamento da conspiração dos 7 de Chicago chega ao fim. Todos os réus são absolvidos das acusações de conspiração. Froines e Weiner são absolvidos de todas as acusações. Davis, Dellinger, Hayden, Hoffman e Rubin são condenados por cruzar as fronteiras do estado para incitar a violência; cada um é condenado a cinco anos de prisão e multado em US$5 mil. Todos os réus, mais seus advogados William Kunstler e Leonard Weinglass, são indiciados por desacato, com sentenças que variam de dois meses e meio a quatro anos. Os réus são libertados sob fiança enquanto aguardam recurso.

30 de abril: As tropas norte-americanas cruzam a fronteira com o Camboja para destruir os campos e suprimentos inimigos. Greves de estudantes fecham centenas de campi universitários nos dias seguintes.

4 de maio: Quatro estudantes são mortos e nove são feridos por tropas da Guarda Nacional durante protestos na Universidade Estadual de Kent, em Ohio. Na sequência, as manifestações se espalham por mais de mil campi e 100 mil protestam em Washington, D.C.

15 de maio: Na Jackson State College, no Mississippi, dois alunos morrem e doze ficam feridos quando a polícia municipal e patrulheiros rodoviários atiram em um prédio de moradia estudantil.

1972

8 de fevereiro: Uma apelação das condenações de Dellinger, Hayden, Davis, Hoffman e Rubin nas acusações individuais de cruzar fronteiras estaduais com a intenção de incitar a violência é ouvida pela Sétima Circunscrição do Tribunal de Apelações.

9 de fevereiro: Uma apelação das sentenças de desacato dos 7 de Chicago e seus advogados é ouvida pela Sétima Circunscrição do Tribunal de Apelações. Em um processo separado, uma apelação das sentenças de desacato de Bobby Seale também é julgada.

11 de maio: A decisão da Sétima Circunscrição do Tribunal de Apelações anula algumas das acusações por desacato dos 7 de Chicago e seus advogados, mas as demais permanecem pendentes de novo julgamento por um outro juiz. O tribunal também reverte as sentenças de desacato para Seale. (O Ministério Público Federal decide não prosseguir com um julgamento por desacato contra Seale, mas leva adiante as acusações de desacato contra os 7 de Chicago e os advogados Kunstler e Weinglass.)

17 de junho: Cinco homens são presos em uma invasão aos escritórios do Comitê Nacional Democrata no complexo Watergate de Washington.

1º de novembro: Sai a decisão da Sétima Circunscrição do Tribunal de Apelações sobre as condenações de Dellinger, Hayden, Davis, Hoffman e Rubin por cruzarem as fronteiras estaduais com a intenção de incitar a violência. Citando erro judicial, as condenações são revertidas e um novo julgamento é ordenado. O tribunal acrescenta que "o comportamento do juiz e dos promotores por si só exigiria a reversão, caso os outros erros não fossem suficientes".

7 de novembro: Nixon é reeleito para um segundo mandato como presidente, derrotando George McGovern.

1973

4 de janeiro: O Ministério Público Federal dos Estados Unidos anuncia que não prosseguirá com um novo julgamento pelas acusações individuais de Dellinger, Hayden, Davis, Hoffman e Rubin.

27 de janeiro: A guerra dos EUA no Vietnã termina com a assinatura do Acordo de Paz de Paris.

29 de outubro: Julgamento das acusações de desacato dos 7 de Chicago e de seus advogados perante o juiz Edward T. Gignoux, um juiz de tribunal distrital oriundo do Maine. O tribunal decide que 146 das acusações do juiz Hoffman não procediam. Hayden, Davis, Froines, Weiner e Weinglass são inocentados de todas as acusações de desacato. Rubin, Hoffman e Kunstler são considerados culpados de duas acusações de desacato cada um. Dellinger é considerado culpado de sete. No entanto, em consideração a "erro judicial e má conduta judicial ou do Ministério Público e provocação judicial ou do Ministério Público", nenhuma sentença é imposta.

1974

27 a 30 de julho: O Comitê Judiciário da Câmara vota três pedidos de impeachment contra o presidente Nixon em conexão com a invasão do edifício Watergate.

9 de agosto: Enfrentando um possível impeachment e perdendo o apoio público, Nixon renuncia.

1975

30 de abril: Os últimos funcionários norte-americanos no Vietnã embarcam em um helicóptero no telhado da embaixada dos EUA quando Saigon se transforma na cidade de Ho Chi Minh.

Transcrição do Julgamento

I.

Declarações Iniciais

26 de setembro de 1969

Os oito réus foram acusados de conspiração para viajar entre estados "com a intenção de incitar, organizar, promover, encorajar, participar e realizar tumulto". Rennie Davis, Dave Dellinger, Tom Hayden, Abbie Hoffman, Jerry Rubin e Bobby Seale enfrentaram uma acusação adicional de incitação à violência. Cada uma das acusações, de conspiração e de incitação, representava uma sentença de cinco anos; cada réu enfrentava, portanto, uma pena de prisão de dez anos. John Froines e Lee Weiner não foram acusados de incitação, mas de ensinar aos outros como fazer dispositivos incendiários.

PELA ACUSAÇÃO

Richard G. Schultz era o procurador-assistente. Durante as manifestações da convenção, ele foi o contato entre as autoridades federais e a polícia de Chicago.

Juiz Julius Hoffman

RICHARD SCHULTZ: Senhoras e senhores do júri, neste caso que irão testemunhar como jurados, o Ministério Público Federal provará um plano geral dos oito réus para incitar o maior número de pessoas a virem à cidade de Chicago, pessoas que planejavam um protesto legítimo durante a Convenção Nacional Democrata realizada em Chicago em agosto de 1968, mais precisamente de 26 a 29 de agosto de 1968. Os réus planejavam trazer essas pessoas até Chicago para protestar, protestar legitimamente, como eu disse, criando uma situação em que elas viriam para a cidade de Chicago e causariam um grande tumulto. Os réus, ao perpetrarem esse delito, cruzaram fronteiras estaduais, pelo menos seis delas, com o intuito de incitar o referido tumulto.

DECLARAÇÕES INICIAIS 61

Richard Schultz, procurador-assistente

O júri foi retirado do tribunal.

JUIZ HOFFMAN: Isso levará apenas um minuto, Sr. Oficial. Quem foi o último réu que mencionou?

RICHARD SCHULTZ: Sr. Hayden.

JUIZ HOFFMAN: Hayden. Quem foi o anterior?

RICHARD SCHULTZ: Davis, e antes disso foi o Dellinger.

JUIZ HOFFMAN: Aquele que sacudiu o punho na direção do júri?

TOM HAYDEN: Essa é a minha saudação habitual, Meritíssimo.

JUIZ HOFFMAN: Pode ser a sua saudação habitual, mas não permitimos esse tipo de gesto neste tribunal. Deixei isso bem claro.

Tom Hayden

TOM HAYDEN: Não pretendi ser desrespeitoso com o júri; é apenas minha saudação habitual.

JUIZ HOFFMAN: Independentemente do que isso signifique, senhor, não haverá punhos cerrados neste tribunal, e eu o advirto para que isso não se repita.

O júri retornou e Richard Schultz continuou com sua declaração inicial.

RICHARD SCHULTZ: Os réus Dellinger, Davis e Hayden se juntaram a cinco outros réus, também indiciados neste caso, em sua empreitada para levar adiante seus planos para realizar os motins em Chicago durante o tempo em que a Convenção Nacional Democrata estava reunida na cidade.

Dois desses réus, Abbie Hoffman, que está sentado — e acabou de se levantar para vocês, senhoras e senhores.

JUIZ HOFFMAN: O júri é instruído a desconsiderar o beijo mandado pelo réu Hoffman e o réu é instruído a não fazer esse tipo de coisa novamente.

RICHARD SCHULTZ: Senhoras e senhores do júri, o Ministério Público Federal provará que cada um desses oito homens assumiu papéis específicos no plano e que todos agiram juntos, conspirando para incitar as pessoas a protestar durante a convenção. Vamos provar que os planos para incitar o tumulto se deram basicamente em três etapas. A primeira foi usar a impopularidade da guerra no Vietnã como um método para exortar as pessoas a ir a Chicago com a finalidade de protestar durante a convenção.

A segunda etapa foi instigar as pessoas que vieram a Chicago — contra o departamento de polícia, as autoridades municipais, a Guarda Nacional e os militares, e contra a própria convenção — a resistir fisicamente e desafiar as ordens da polícia e dos militares.

A terceira etapa era criar uma situação em que os manifestantes que vieram a Chicago encontrassem e confrontassem a polícia nas ruas da cidade para que, nesse confronto, ocorresse um tumulto.

Em suma, senhoras e senhores, a acusação provará que os oito réus aqui acusados conspiraram juntos para usar a garantia do livre-trânsito interestadual, suas instalações e os meios de transporte e comunicação com a intenção de incitar e promover um tumulto em Chicago.

PELA DEFESA:

William Kunstler foi uma figura emblemática nos tribunais, que defendeu muitos casos de direitos civis no Sul; ele representou Martin Luther King, Malcolm X e os Panteras Negras Stokely Carmichael e H. Rap Brown.

WILLIAM KUNSTLER: Agora que o Ministério Público lhes ofereceu o seu sumário, apresentarei a vocês, de modo geral, a história verdadeira. A defesa espera demonstrar perante os senhores que as provas apresentadas pelos réus deixam claro que este processo é o resultado de duas motivações do Ministério Público e do governo...

RICHARD SCHULTZ: Protesto quanto à alegação de qualquer motivação por parte do governo, Excelência, por favor.

WILLIAM KUNSTLER: Meritíssimo, a demonstração de motivação é uma defesa adequada.

JUIZ HOFFMAN: Protesto mantido. O senhor pode falar da culpa ou da inocência de seus clientes, não sobre a motivação do governo.

DECLARAÇÕES INICIAIS 65

William Kunstler, advogado de defesa

WILLIAM KUNSTLER: As provas mostrarão, no que diz respeito aos réus, que eles, assim como muitos outros milhares de cidadãos dos Estados Unidos, vieram a Chicago no verão de 1968 para protestar, dentro da melhor tradição norte-americana, diante e nas proximidades da convenção nacional do partido do governo. Eles vieram protestar contra a continuidade da guerra no Vietnã do Sul, questão que, naquela época e já há muitos anos, era de competência do Partido Democrata.

A possibilidade de influenciar os delegados daquela convenção nacional a assumir uma posição firme e afirmativa contra a continuidade dessa guerra sangrenta e injustificada, como eles e milhões de pessoas a consideravam, foi um dos principais objetivos de sua vinda a Chicago.

Ao mesmo tempo em que faziam planos para realizar essa manifestação e buscavam todos os meios legais para fazê-lo, ao mesmo tempo em que tudo isso acontecia, as provas demonstrarão que havia forças nesta cidade e no governo federal absolutamente determinadas a evitar esse tipo de protesto, com a premissa de que tal protesto deveria ser impedido — usando as mesmas palavras que o Sr. Schultz — por todos os meios necessários, incluindo a violência física perpetrada contra os manifestantes. Esse plano vinha sendo arquitetado em Washington e nesta cidade, e, muito antes de um único manifestante colocar os pés em Chicago no verão de 1968, já havia sido tomada a decisão de que essas manifestações seriam rechaçadas e dispersadas, essencialmente desmanteladas como protestos eficazes contra a continuidade da guerra no Vietnã do Sul.

Vamos demonstrar que a liberdade de expressão morreu aqui nas ruas a golpes de cassetetes e que os corpos desses manifestantes foram sacrificados para que ela morresse.

A defesa mostrará que, neste caso, a verdadeira conspiração ocorreu para restringir e impedir as manifestações contra a guerra no Vietnã e as questões relacionadas, problemas que esses réus e outros milhares de pessoas vieram para a cidade determinados a apresentar aos delegados de um partido político, partido do governo, reunidos em Chicago; que a verdadeira conspiração se deu contra os acusados. No entanto, mostraremos que a real conspiração não foi contra esses réus como indivíduos, pois eles não são importantes como indivíduos: a verdadeira tentativa, o verdadeiro ataque foi aos direitos de todos, nós todos, os cidadãos norte-americanos, de protestar, nos termos da Primeira Emenda Constitucional, contra uma guerra que brutalizava a nação.

Durante a Convenção Nacional Democrata, a possibilidade de divergir de opinião morreu por um momento. E o resultado deste julgamento vai determinar se permanecerá moribunda.

Leonard Weinglass era mais jovem, uma figura menos conhecida e menos extravagante do que Kunstler.

LEONARD WEINGLASS: Conceder a esses jovens seu direito, como cidadãos, de se reunir e se encontrar e, argumentamos, até dormir em nossos parques públicos, que são propriedades públicas, mantidos sob guarda de funcionários públicos para o povo, consiste em uma demanda razoável que a cidade poderia muito bem ter atendido se as pessoas responsáveis por essa decisão não estivessem tão temerosas e não fossem tão incompreensivas com os jovens deste país a ponto de não conseguir se reunir e conversar com eles de uma forma sensata, racional.

Leonard Weinglass, advogado de defesa

Devo lhes dizer logo de início que não peço que aceitem, gostem, compreendam ou concordem com os discursos que quaisquer de meus clientes possam ter feito.

Thomas Foran era o chefe da procuradoria federal. Anteriormente, o prefeito de Chicago, Richard Daley, o indicara para um cargo na prefeitura. Antes da convenção, Rennie Davis lhe pediu para ajudar os manifestantes a obterem as autorizações municipais. Durante os protestos na convenção, ele foi o contato entre as autoridades federais e a polícia de Chicago.

THOMAS FORAN: Meritíssimo, mais uma vez, o advogado continua a discutir o caso. Isso é inadequado.

JUIZ HOFFMAN: Protesto mantido. Ficou claro para você?

LEONARD WEINGLASS: Estou tendo certa dificuldade em aplicar a decisão de Vossa Excelência à minha declaração inicial.

JUIZ HOFFMAN: Se o senhor persistir, terei que privá-lo do direito de prosseguir.

LEONARD WEINGLASS: [*para o júri*] Queremos apresentar a vocês um panorama completo e claro do que aconteceu. Enquanto o Ministério Público estiver apresentando sua acusação, [nós] faremos certas objeções.

JUIZ HOFFMAN: Eu o adverti várias vezes. Eu o advirto novamente, Sr. Weinglass. Creio que me compreendeu. Você persiste em argumentar e dizer ao júri o que pretende fazer em relação às objeções.

Thomas Foran, procurador

LEONARD WEINGLASS: Sim, pensei que essa fosse a finalidade da declaração inicial.

JUIZ HOFFMAN: Essa não é a função de uma declaração inicial. Eu o adverti inúmeras vezes. Eu o advirto mais uma vez.

LEONARD WEINGLASS: Achei que essa fosse a finalidade da declaração inicial. Obrigado, Meritíssimo.

JUIZ HOFFMAN: Não me agradeça. Eu não fiz isso como um favor para você. Estou alertando-o para não persistir nisso.

LEONARD WEINGLASS: Meu último comentário a vocês, senhoras e senhores do júri, é que nós, da defesa, consideramos os jurados autoridade máxima neste tribunal e iremos…

Weinglass estava prestes a defender a doutrina radical de "anulação da lei", sustentando que o júri poderia julgar não apenas os réus, mas também a lei.

JUIZ HOFFMAN: Senhoras e senhores do júri…

THOMAS FORAN: Esta é uma questão controversa.

JUIZ HOFFMAN: Protesto mantido.

O júri foi retirado do tribunal.

JUIZ HOFFMAN: Sr. Weinglass, creio que sua persistência em desconsiderar a orientação deste juízo e da lei em face de reiteradas advertências é uma conduta contumaz, e assim deixarei consignado em ata.

O júri retornou.

JUIZ HOFFMAN: Algum outro advogado de defesa deseja fazer uma declaração inicial? Um minuto, senhor, quem é o seu advogado?

BOBBY SEALE: Charles R. Garry.

O júri foi dispensado.

Bobby Seale e o juiz Hoffman

Charles R. Garry era de fato o advogado de Bobby Seale, mas, duas semanas antes do início do julgamento, ele havia feito uma cirurgia de emergência na vesícula e solicitou um adiamento de seis semanas do julgamento. Mesmo que adiamentos sejam concedidos o tempo todo por todos os tipos de razões, o juiz Hoffman recusou-se a conceder este e insistiu que William Kunstler representasse Bobby Seale — embora ele tivesse o evidente direito constitucional de ser representado pelo advogado de sua escolha. A insistência de Seale nesse direito propiciou o drama central da primeira parte do julgamento.

JUIZ HOFFMAN: Sr. Kunstler, o senhor representa o Sr. Seale?

WILLIAM KUNSTLER: Não, Meritíssimo, pelo que o Sr. Seale me sinalizou, devido à ausência de Charles R. Garry...

JUIZ HOFFMAN: Permitirei que faça outra declaração inicial em nome do Sr. Seale, se desejar. Não permitirei que uma parte de um caso...

WILLIAM KUNSTLER: Meritíssimo, não posso comprometer a situação do Sr. Seale...

JUIZ HOFFMAN: Não peço que comprometa nada, senhor, mas não permitirei que ele mesmo se dirija ao júri enquanto um advogado muito competente está aí sentado.

WILLIAM KUNSTLER: Se eu fizesse uma declaração inicial em seu nome, comprometeria sua posição de que seu defensor não está presente.

JUIZ HOFFMAN: Sr. Seale, o senhor não fará uma declaração inicial. Essa é a minha decisão. Você não tem permissão para fazê-la nas circunstâncias deste caso.

II.

O Caso da Acusação

JUIZ HOFFMAN: O senhor vai chamar sua primeira testemunha?

Testemunha da acusação Raymond Simon, consultor jurídico da cidade de Chicago

Simon era o chefe da procuradoria municipal; Abbie Hoffman e Jerry Rubin haviam se encontrado com ele em 8 de agosto, duas semanas antes da convenção, solicitando uma autorização para os manifestantes usarem o Lincoln Park. Quando a prefeitura recusou, o Comitê de Mobilização Nacional, liderado por Rennie Davis, Tom Hayden e outros, entrou com uma ação judicial pedindo a autorização. Simon foi questionado sobre uma reunião no gabinete do juiz Lynch.

THOMAS FORAN: O que o Sr. Davis lhe disse?

RAYMOND SIMON: Ele disse: "Se a cidade não nos der o parque, haverá dezenas de milhares de pessoas sem um lugar para ficar, e elas irão para os parques, e a polícia vai expulsá-las, e elas correrão pelas ruas da cidade, e haverá desordem, conflito e problemas, a polícia reagirá e haverá gás lacrimogêneo, gás de pimenta e cassetetes."

P: O juiz Lynch proferiu [uma] decisão no dia seguinte?

R: Sim, ele negou provimento.

29 de setembro de 1969

O juiz Hoffman iniciou o julgamento com uma atitude extraordinária: ele ordenou a prisão de quatro advogados de defesa que haviam trabalhado em petições pré-julgamento, mas não compareceram em juízo — embora esses advogados normalmente não compareçam ao julgamento. A ação de Hoffman levou 126 advogados a entrar com uma petição chamando a decisão de "um arremedo de justiça", e treze docentes da Harvard Law School a convocar o Comitê Judiciário do Senado para investigar a decisão de Hoffman; ainda mais surpreendente, centenas de advogados de todo o país compareceram do lado de fora do fórum para protestar contra a ordem.

WILLIAM KUNSTLER: Meritíssimo, sem repetir a longa história da controvérsia em relação aos advogados que foi resolvida esta manhã. Estou solicitando a nulidade do julgamento em nome de todos os réus neste caso ou, em alternativa, novamente pela desqualificação deste juízo [ou seja, o juiz Hoffman].

Nosso primeiro fundamento é que Vossa Excelência ordenou de maneira ilegal, irregular e inconstitucional a prisão de alguns dos advogados envolvidos na fase de pré-julgamento do caso; que, de maneira igualmente ilegal, o senhor determinou a prisão e o comparecimento desses advogados a este juízo enquanto estavam sob custódia; que o senhor se recusou, repito, inconstitucionalmente, a estabelecer fiança para esses advogados; e, mais uma vez de maneira inconstitucional, o senhor tentou coagir os réus com essas prisões, detenções e denegação de fiança para que renunciassem aos direitos, preceituados na Sexta Emenda, de constituírem um advogado de sua escolha; e que, durante o curso do julgamento, o senhor humilhou, perseguiu e caluniou de diversas maneiras e modos estes e os outros advogados dos réus, e por isso prejudicou tanto este caso que não pode mais haver um julgamento justo e imparcial — nossa alegação básica é de uma violação das leis e da Constituição dos Estados Unidos.

JUIZ HOFFMAN: Sr. Escrevente, a petição denominada "Petição de Urgência" apresentada pelo senhor William N. Kunstler, representando os réus, e pelo senhor Leonard Weinglass, representando o senhor William N. Kunstler, para anulação do julgamento ou, em alternativa, desqualificação deste juízo [ou seja, juiz Hoffman], será indeferida.

30 de setembro de 1969

BOBBY SEALE: Demiti todos esses advogados há muito tempo. Charles Garry não está aqui e quero meu advogado aqui.

THOMAS FORAN: Excelência, o motivo do atraso esta manhã e de termos solicitado este aparte foi eu ter sido informado, quase na hora de comparecer a este julgamento, pelo FBI, que por sua vez teria sido informado, de que uma das juradas ou sua família recebeu uma carta que certamente pode ser considerada de natureza ameaçadora. É dirigida à família King, no número 81 da South Caroline, Crystal Lake, Illinois, 60014. Nela está escrito: "Vocês estão sendo vigiados. Panteras Negras."

A carta foi enviada para a casa de uma das juradas, que a defesa considerava a mais aberta ao caso: Kristi King, uma jovem cuja irmã era integrante do VISTA, o Corpo da Paz nacional. Bobby Seale e os outros réus consideraram a carta falsa e suspeitaram que fosse parte de um complô para se livrar de uma jurada que parecia potencialmente favorável à causa da defesa. Na verdade, Kristi King não tinha visto a carta; seus pais a entregaram ao FBI. Mesmo assim, o juiz a dispensou do júri — e então, em um movimento decisivo, isolou os jurados, colocando-os sob supervisão contínua de oficiais federais pelo restante do julgamento e exigindo que ficassem juntos em um hotel, em vez de voltarem para casa e para suas famílias todas as noites. Completamente isolado do mundo exterior, o júri, acreditava a defesa, ficaria à mercê do poder do juízo e da acusação.

WILLIAM KUNSTLER: Meritíssimo, antes que os jurados retornem, a defesa apresenta um pedido para que o júri seja retirado do isolamento. Achamos que é mais humano.

JUIZ HOFFMAN: Indefiro o pedido.

Testemunha da acusação David Stahl, oficial administrativo do prefeito de Chicago, Richard Daley

Antes da convenção, Stahl representou a prefeitura nas reuniões com os organizadores da manifestação. Ele foi questionado sobre uma reunião com Abbie Hoffman e Jerry Rubin em 26 de março de 1968.

DAVID STAHL: Abbie Hoffman me disse que o Partido Internacional da Juventude realizaria um Festival da Vida no Grant Park durante a semana da Convenção Nacional Democrata; que haveria 500 mil jovens participando desse festival; que haveria também a apresentação de bandas de rock e que eles dormiriam no Grant Park. Abbie Hoffman me disse que estava preparado para destruir a cidade e a convenção. Ele afirmou que estava disposto a morrer no Lincoln Park. Então, o Sr. Hoffman disse que, se fôssemos espertos, e nós, a prefeitura, éramos espertos, daríamos US$100 mil para patrocinar o Festival da Vida, ou, disse, melhor ainda, daríamos a eles... daríamos a ele US$100 mil e ele iria embora da cidade.

Arguição pela defesa

LEONARD WEINGLASS: Bem, se meu entendimento estiver correto, todas as reuniões com Abbie e Jerry ocorreram na Prefeitura, as três reuniões.

THOMAS FORAN: Meritíssimo, protesto à referência constante aos dois réus como Abbie e Jerry. Vamos chamar os réus por seus nomes completos.

JUIZ HOFFMAN: Concordo.

THOMAS FORAN: É uma tentativa de atribuir uma atitude infantil a homens com mais de 30 anos.

JUIZ HOFFMAN: Eles não deveriam ser chamados perante o tribunal federal dos Estados Unidos por seus... eu quase disse nomes cristãos, não sei se isso seria correto ou não... mas não pelos primeiros nomes.

THOMAS FORAN: Meritíssimo, lá vamos nós de novo. Agora, outro homem de 29 anos sendo tratado como "Rennie Baby". Protesto contra o uso de termos diminutivos e infantis para homens mentalmente crescidos.

LEONARD WEINGLASS: "Rennie Baby"?

WILLIAM KUNSTLER: Vossa Excelência poderia ordenar ao júri que desconsiderasse a menção a "Rennie Baby" como infundada?

JUIZ HOFFMAN: Se o procurador disse isso, certamente que sim. Apaguem a referência a "baby" de suas mentes. Não estamos lidando com bebês aqui.

2 de outubro de 1969

O júri foi dispensado.

WILLIAM KUNSTLER: Quero que fique claramente registrado em ata que não oriento o Sr. Seale de forma alguma. Ele é um homem negro independente e livre que segue sua própria orientação.

JUIZ HOFFMAN: Negro ou branco, senhor — e que declaração extraordinária: "Um homem negro independente." Ele é o réu neste caso. Ele vai chamá-lo de racista antes que termine sua declaração, Sr. Kunstler.

WILLIAM KUNSTLER: Meritíssimo, acho que chamá-lo de negro independente e livre não provocará sua ira.

O júri retornou.

Bem, em todas as suas conversas com Jerry Rubin, Abbie Hoffman, Dave Dellinger, Rennie Davis, ou qualquer uma das pessoas que os acompanharam em qualquer uma das reuniões que o senhor presenciou, algum deles lhe disse: "Se nós não obtivermos as autorizações, vamos praticar atos violentos nesta cidade?"

DAVID STAHL: Não exatamente nessas palavras, não.

P: Ora, eles fizeram isso com outras palavras?

R: Sim. Na segunda-feira, o Sr. Dellinger disse que as autorizações para o uso dos parques deveriam ser emitidas a fim de minimizar a destruição.

P: Para minimizar a destruição. E ele indicou ao senhor de onde viria a destruição?

R: Certamente não viria do Departamento de Polícia de Chicago.

LEONARD WEINGLASS: Na reunião de 7 de agosto com Abbie Hoffman e Jerry Rubin, o Sr. Hoffman e o Sr. Rubin indicaram ao senhor que, caso os Yippies obtivessem a autorização para ocupar o parque, tudo correria bem e não haveria violência?

DAVID STAHL: Não me lembro dessas palavras exatas — ou de declarações nesse sentido exato sendo feitas naquela reunião.

P: Foi esse o teor geral das afirmações dos réus, Sr. Stahl?

R: Eles abriram a reunião dizendo que queriam evitar a violência. Em seguida, declararam também que estavam dispostos, ou que o Sr. Abbie Hoffman estava disposto, a destruir a cidade e a convenção e morrer no Lincoln Park.

3 de outubro de 1969

Testemunha da acusação Mary Ellen Dahl, policial de Chicago

RICHARD SCHULTZ: A senhora poderia, por favor, relatar a este tribunal e ao júri o que ouviu o réu [Abbie] Hoffman dizer?

MARY ELLEN DAHL: Sim, senhor. Ele disse: "Amanhã vamos nos encontrar no Grant Park e invadiremos o Hilton. Temos que chegar lá individualmente, porque, se formos em grupos, os porcos do tracinho vão nos impedir."

P: Você disse "porcos do tracinho". Ele disse "porcos do tracinho"?

R: Não, senhor.

P: Ele usou outra palavra no lugar de "tracinho"?

R: Sim, senhor.

P: Era uma palavra de sete letras?

R: Sim, senhor.

P: Essa palavra de sete letras começava com "Ca"?

R: Sim, senhor.

7 de outubro de 1969

O júri foi dispensado.

JUIZ HOFFMAN: O senhor aprova que seu cliente ria alto enquanto este juízo está tomando uma decisão sobre uma petição feita pelos próprios réus?

WILLIAM KUNSTLER: Não ouvi. Eu estava conversando com o Sr. Davis.

JUIZ HOFFMAN: O senhor pareceu gostar da risada dele, pois também sorriu.

WILLIAM KUNSTLER: Meritíssimo, não é proibido sorrir em um tribunal federal, creio eu.

JUIZ HOFFMAN: Tendo em vista que o senhor vem registrando esses episódios nos autos, devo registrar a postura de um de seus clientes. Este é um tribunal federal dos Estados Unidos. Olhe para ele, deitado como se estivesse no chão. Não vou repreendê-lo neste momento, mas chamo a atenção para que conste em ata, como bem disse o senhor.

WILLIAM KUNSTLER: Acredito que seja reflexo da postura dele, Meritíssimo, em relação ao que está acontecendo neste tribunal.

JUIZ HOFFMAN: Ah, acredito que sim. Acho que reflete sua postura.

WILLIAM KUNSTLER: Então é liberdade de expressão.

JUIZ HOFFMAN: E lidarei com essa postura da maneira apropriada.

8 de outubro de 1969

Testemunha da acusação Robert Pierson, policial de Chicago disfarçado

Pierson foi uma das três principais testemunhas da acusação — policiais de Chicago que haviam sido agentes da divisão secreta Chicago Red Squad e se infiltraram na liderança das manifestações.

RICHARD SCHULTZ: O senhor alterou de alguma forma sua aparência física para realizar a missão como agente disfarçado?

ROBERT PIERSON: Sim, alterei. Deixei meu cabelo crescer. Não me barbeei por aproximadamente quatro a seis semanas. Comprei roupas de um membro de gangue de motociclistas, que consistiam em botas de motociclista, uma camiseta preta, jeans pretos, um colete de couro preto e um capacete de motociclista.

P: O senhor tinha uma motocicleta?

R: Sim, aluguei uma moto.

P: Na segunda-feira, 26 de agosto de 1968, o senhor teve oportunidade de ir ao Lincoln Park?

R: Sim, senhor. Jordan me apresentou a Abbie Hoffman. Ele disse: "Abbie, este é o Bob. Ele será um de seus guarda-costas." Eu comentei com Hoffman que o confronto da noite anterior tinha sido muito bom. E Hoffman me falou: "Ontem eles nos expulsaram do parque, mas hoje à noite vamos ocupar o parque." Ele então me disse: "Nós vamos…" e usou um palavrão, "f… os porcos e a convenção".

P: Qual foi a palavra, por favor, pode repetir?

R: Ele disse "foder".

P: O que ele disse em seguida, por favor?

R: Ele disse: "Se eles nos expulsarem do parque esta noite, vamos quebrar as vitrines", e novamente usou um palavrão.

P: A mesma palavra?

R: Sim. E ele disse: "Vamos f… o Lado Norte."

P: O que o senhor respondeu quando Hoffman disse isso, por favor?

R: Falei que ele poderia contar comigo para ajudá-lo em todos os sentidos, que eu faria o meu melhor para evitar que fosse preso.

10 de outubro de 1969

Arguição pela defesa sobre os eventos da quarta-feira, 28 de agosto

LEONARD WEINGLASS: Esses policiais estavam armados?

ROBERT PIERSON: Bem, todos os policiais uniformizados andam armados.

P: Com que tipo de arma?

R: Pelo que pude ver, eles portavam seu equipamento-padrão.

P: O senhor poderia descrever o que tinham nas mãos ao entrarem naquela multidão?

R: Cassetetes.

P: Como estavam segurando seus cassetetes? O senhor poderia demonstrar ao júri?

R: [*Demonstração*] Quando a fileira começou a avançar sobre a multidão, eles seguravam seus cassetetes, acredito eu, com ambas as mãos.

P: E eles então usaram os cassetetes?

R: Sim, senhor, acredito que sim.

P: Com uma das mãos?

R: Sim, senhor.

P: Em movimento de vai e vem?

R: Sim, senhor.

P: Golpeando as pessoas na frente deles?

R: Sim, senhor.

P: O senhor viu alguém ser atingido na cabeça com um cassetete?

R: Sim, vi pessoas sendo atingidas na cabeça.

P: Por policiais?

R: Sim.

P: Eles estavam golpeando os manifestantes com os cassetetes?

R: Sim, senhor.

13 de outubro de 1969

Testemunha da acusação detetive Frank Riggio, do Departamento de Polícia de Chicago

THOMAS FORAN: Vamos relembrar o mês de agosto de 1968. Durante a Convenção, o senhor recebeu alguma atribuição específica?

R: Sim, recebi.

P: E qual foi essa atribuição?

R: Eu deveria manter Rennie Davis sob vigilância.

P: Qual foi o seu turno de trabalho na ocasião?

R: Começava às 14h e terminava às 2h.

LEONARD WEINGLASS: Nesse ponto, tendo em vista que a testemunha se identificou como um agente de vigilância, em nome do réu Rennie Davis, faço a objeção de que submeter um cidadão à vigilância 24 horas constitui uma invasão constitucional da privacidade, em violação à 14ª Emenda. Sendo assim, com base em uma conduta que claramente constituiu uma violação da Constituição dos Estados Unidos, protesto contra a permissão de arguição desta testemunha diante deste tribunal.

JUIZ HOFFMAN: Protesto indeferido.

14 de outubro de 1969

O advogado de defesa William Kunstler solicitou o recesso do tribunal na quarta-feira, 15 de outubro de 1969, para permitir que os réus participassem dos protestos antiguerra no Dia da Moratória.

WILLIAM KUNSTLER: Meritíssimo, acho que protestar contra mais de 30 mil mortes de norte-americanos, e Deus sabe de quantos vietnamitas, ocorridas naquele país é tão importante quanto lamentar a morte de um homem nos Estados Unidos; se os tribunais podem fechar pela morte de um homem que viveu uma vida plena, deveriam fechar pelos milhares de mortes e pelos milhões de inocentes cujas vidas foram corrompidas, arruinadas e desvirtuadas por este horror absoluto que acontece em seu nome e em meu nome...

JUIZ HOFFMAN: Não em meu nome.

WILLIAM KUNSTLER: Em seu nome também, Excelência, em nome do povo dos Estados Unidos.

JUIZ HOFFMAN: Fale por você. Não me junte a você. Misericórdia! O senhor e eu não...

WILLIAM KUNSTLER: O senhor sou eu, Meritíssimo, porque inclui todo cidadão — e o senhor é um cidadão assim como eu.

JUIZ HOFFMAN: Somente temos em comum o fato de o senhor ser membro da Ordem dos Advogados e eu ser obrigado a ouvi-lo com respeito, como tenho feito.

WILLIAM KUNSTLER: Não, Meritíssimo, o senhor é mais do que isso. É um cidadão dos Estados Unidos.

JUIZ HOFFMAN: Sim, eu sou.

WILLIAM KUNSTLER: E eu sou um cidadão dos Estados Unidos, e tudo isso é feito em nosso nome, em nome do juiz Hoffman e em nome de William Kunstler.

JUIZ HOFFMAN: Pode parar por aí, senhor. Não lhe ouvirei mais.

BOBBY SEALE: Por que não posso falar em meu nome? Sou meu próprio representante legal. Não quero que esses advogados me representem.

JUIZ HOFFMAN: Você tem um advogado constituído e ele está presente desde o dia 24.

BOBBY SEALE: Tenho argumentado isso antes mesmo de o júri ouvir uma prova sequer. Não quero esses advogados, pois sou capaz de fazer minha própria defesa e meu advogado é Charles Garry.

JUIZ HOFFMAN: Que conste nos autos que o réu Seale continuou a falar depois que este juízo cortesmente solicitou que ficasse calado.

15 de outubro de 1969

Em cidades de todo o país, milhões de norte-americanos protestaram contra a guerra nas manifestações do "Dia da Moratória do Vietnã". O vice-presidente de Nixon, Spiro Agnew, declarou que o Dia da Moratória fora "encorajado por um grupo decadente de esnobes insolentes" — uma frase escrita pelo redator de discursos de Nixon, William Safire, que mais tarde se tornou colunista do New York Times. No tribunal, os réus tentaram celebrar o Dia da Moratória colocando as bandeiras norte-americana e sul-vietnamita na bancada da defesa e lendo os nomes dos mortos na guerra.

DAVE DELLINGER: Sr. Hoffman, estamos respeitando o Dia da Moratória.

JUIZ HOFFMAN: Sou o juiz Hoffman, senhor.

Dave Dellinger

DAVE DELLINGER: Acredito em igualdade, senhor, então prefiro chamar as pessoas de Sr. ou pelo primeiro nome.

JUIZ HOFFMAN: Sente-se. O escrevente está prestes a chamar o processo.

DAVE DELLINGER: Eu gostaria de explicar a você que estamos lendo os nomes dos mortos na guerra.

OFICIAL DO TRIBUNAL: Sente-se.

DAVE DELLINGER: Estávamos lendo os nomes dos mortos de ambos os lados.

WILLIAM KUNSTLER: Meritíssimo, para o Dia da Moratória, os réus trouxeram uma bandeira norte-americana e uma norte-vietnamita, colocadas na bancada da defesa, para homenagear os mortos nesta longa e brutal guerra que está em curso. O oficial do tribunal as removeu da bancada. Primeiro ele pegou a bandeira do Vietnã do Norte após me instruir a ordenar ao meu cliente que a removesse, o que me recusei a fazer, e então ele mesmo a removeu... eu disse Vietnã do Norte, mas quis dizer Vietnã do Sul, Meritíssimo... e, posteriormente, ele removeu a bandeira dos Estados Unidos.

JUIZ HOFFMAN: Temos uma bandeira norte-americana ali no canto. O senhor não a viu ao longo dessas três semanas e meia em que está aqui?

WILLIAM KUNSTLER: Sim, mas queríamos a justaposição, Meritíssimo, das duas bandeiras juntas no mesmo lugar.

JUIZ HOFFMAN: Sr. Kunstler, deixe-me interrompê-lo para dizer que qualquer decoração na sala do tribunal será fornecida pelo governo federal e acho que as coisas parecem muito bem do jeito que estão.

WILLIAM KUNSTLER: Meritíssimo, estou solicitando permissão para ter as duas bandeiras neste Dia da Moratória do Vietnã.

JUIZ HOFFMAN: Essa permissão será negada. Essa bancada é de todos os réus e seus respectivos advogados e não deve ser decorada. Não teremos a bandeira do Vietnã do Norte na bancada, senhor.

ABBIE HOFFMAN: Não consideramos esta bancada parte do tribunal e queremos decorá-la à nossa maneira.

OFICIAL DO TRIBUNAL: Sente-se.

THOMAS FORAN: Meritíssimo, isso é ultrajante. Este homem [*Kunstler*] é um mero pau-mandado. Olhe para ele, usando uma faixa [no braço], como seus clientes. O Ministério Público condena a atitude de qualquer advogado que entre em um tribunal, aja com desrespeito e coadune com esse tipo de conduta perante o juízo, Excelência... Protesto pela anotação de sua conduta perante este juízo na ata de julgamento.

WILLIAM KUNSTLER: Estou usando uma braçadeira em memória aos mortos, Meritíssimo, o que não é uma desonra neste país. Quero que ele seja advertido, Excelência. Peço que o senhor faça isso. A palavra "pau-mandado" é um termo desdenhoso.

JUIZ HOFFMAN: Você disse que quer me advertir?

WILLIAM KUNSTLER: Não, eu quero que o senhor o advirta.

JUIZ HOFFMAN: Que fique registrado que não advirto o representante do Ministério Público, pois ele estava representando adequadamente seu cliente, os Estados Unidos da América.

WILLIAM KUNSTLER: O senhor está negando meu pedido após esse episódio vergonhoso? O senhor não vai dizer nada?

JUIZ HOFFMAN: Não só nego o pedido, também o ignoro.

17 de outubro de 1969

JUIZ HOFFMAN: Senhoras e senhores do júri, bom dia. Sr. Feinglass, por favor, continue com o interrogatório da testemunha.

WILLIAM KUNSTLER: Meritíssimo, para que conste corretamente em ata, acho que o Sr. Weinglass não notou o "Feinglass". O correto é Sr. Weinglass.

JUIZ HOFFMAN: Ah, falei errado. Eu disse Feinglass. Eu me corrijo, quis dizer Weinglass. Lamento ter trocado o W que lhe é de direito pelo F, Sr. Weinglass.

WILLIAM KUNSTLER: Sr. Oklepek, o senhor declarou ao grande júri palavras sobre armas que saíram da boca do Sr. Hayden?

JUIZ HOFFMAN: Essa pergunta ficará terrível por escrito, Sr. Kunstler. Ninguém se opõe a ela, mas só gostaria que o senhor mantivesse um bom registro em ata.

WILLIAM KUNSTLER: Agradeço seus comentários gramaticais, retiro a pergunta e farei outra.

JUIZ HOFFMAN: Só queria que soubesse também que eu estava prestando atenção.

WILLIAM KUNSTLER: Eu entendo, Meritíssimo. Nunca duvidei por um momento de que estava ouvindo.

Testemunha da acusação Carl Gilman, jornalista e informante do FBI

Gilman foi um dos vários jornalistas que trabalharam como informantes do governo, enfurecendo outros jornalistas que viram sua profissão minada e sua própria integridade como observadores independentes prejudicada. Gilman era cinegrafista de uma emissora de TV de San Diego que também trabalhava como informante do FBI, do qual recebia US$150 por mês. Em 25 de julho de 1968, ele ouviu o discurso de Dave Dellinger em um comício na Universidade Estadual de San Diego.

RICHARD SCHULTZ: O senhor poderia repetir para o tribunal e para os jurados a última parte, a frase final, do discurso feito pelo Sr. Dellinger?

LEONARD WEINGLASS: Excelência, por favor, protesto contra essa pergunta. Eu me oponho à possibilidade de esta testemunha se referir a qualquer discurso feito por uma pessoa em um comício público aberto no campus de uma faculdade como sendo uma violação da Primeira Emenda.

JUIZ HOFFMAN: Apesar da objeção da defesa, permitirei que a testemunha responda.

CARL GILMAN: [Dellinger disse] "Queimem seus cartões de alistamento militar. Resistam à convocação. Violem as leis. Sejam presos. Perturbem o governo dos Estados Unidos de qualquer maneira possível para acabarmos com esta guerra insana."

RICHARD SCHULTZ: Bem, e quando ele disse isso, o que aconteceu, se é que aconteceu algo?

CARL GILMAN: O público aplaudiu. As pessoas se levantaram, assobiaram, gritaram e berraram. Ficaram muito empolgados.

RICHARD SCHULTZ: Se os presentes, por favor, se os oficiais puderem tomar providências — é muito perturbador ter o público rindo durante os procedimentos do tribunal.

JUIZ HOFFMAN: Eu instruo os oficiais do tribunal a advertir os espectadores de que serão convidados a se retirar, se não se abstiverem de rir ruidosamente.

RICHARD SCHULTZ: Certo, continuando, assim que ele terminou de dizer a frase: "Perturbem o governo dos Estados Unidos de qualquer maneira possível para acabarmos com esta guerra insana", o que aconteceu?

CARL GILMAN: Quando os aplausos diminuíram, o Sr. Dellinger disse algo e eu perdi a primeira palavra, talvez as duas primeiras palavras, e depois disso ele disse: "Estou indo a Chicago para a Convenção Nacional Democrata, onde pode haver problemas." Então o público aplaudiu, levantou, gritou e assobiou.

LEONARD WEINGLASS: Excelência, por favor, renovo minha objeção nesse ponto. Não há menção da intenção do Sr. Dellinger de cometer qualquer crime, direta ou indiretamente, na cidade de Chicago, pelo que ouvi, então não acho que o discurso narrado por esta testemunha sequer possa ser considerado para os fins pretendidos pelo Ministério Público.

JUIZ HOFFMAN: Pensei ter ouvido a testemunha atestar a queima de cartões de alistamento.

WILLIAM KUNSTLER: Não é por isso que ele está sendo processado, Meritíssimo, por queimar cartões de alistamento, por encorajar a queima de cartões de alistamento.

JUIZ HOFFMAN: O senhor tem razão.

WILLIAM KUNSTLER: Portanto, o testemunho deve ser retirado dos autos, o senhor concorda comigo?

JUIZ HOFFMAN: Ah, não. Não, não vou interpretar o discurso. Isso é de responsabilidade do júri. Mas indefiro o pedido do senhor Leonard Weinglass.

WILLIAM KUNSTLER: Meritíssimo, alguém está sendo removido do recinto? Outra pessoa negra, pelo que vejo.

RICHARD SCHULTZ: De novo este comentário sobre "outra pessoa negra"...

UM ESPECTADOR: Você odeia negros ou algo assim?

RICHARD SCHULTZ: Essa repetição constante não é adequada, essa tentativa de fazer parecer que há racismo neste tribunal. E essa reação, Meritíssimo, é tão ultrajante... é tão errada e é tão deliberada por parte desses homens que precisa parar. São eles que criam e procuram o racismo.

WILLIAM KUNSTLER: Meritíssimo, só vi negros sendo expulsos da plateia. Não vi sequer uma pessoa branca ser removida deste tribunal, e essa é a 11ª pessoa negra que...

JUIZ HOFFMAN: Não sei como, pela sua posição, o senhor consegue ver qual pessoa foi retirada da plateia. Estou de frente para a porta. Não vi ninguém ser expulso. Vi pessoas saindo. Não posso dizer que tenham sido retiradas, e não acho que seja correto um advogado referir-se à raça de uma pessoa. E o instruo, lhe ordeno, que não faça mais menção à expulsão de uma pessoa negra novamente.

WILLIAM KUNSTLER: Não o farei, Meritíssimo, se os negros não forem repetidamente expulsos deste tribunal.

20 de outubro de 1969

O júri foi dispensado.

ESCREVENTE: Há uma petição aqui do réu Bobby Seale, em causa própria, para ter permissão para representar a si mesmo.

JUIZ HOFFMAN: Vou ouvi-lo, Sr. Seale.

BOBBY SEALE: Gostaria de apresentar esta petição em meu nome. Eu, Bobby Seale, requeiro deste juízo o seguinte: tendo em vista que me foi negado o advogado de minha escolha, Charles R. Garry, embora eu não seja capaz de me representar como meu advogado o faria, mas porque sou forçado a ser meu próprio advogado e a me defender, requeiro minha libertação da prisão, bem como a liberação da fiança atualmente em vigor, para que eu possa entrevistar testemunhas, fazer as investigações e a pesquisa factual necessárias e todos os demais atos que estar sob custódia torna impossível. Em segundo lugar, requeiro o direito de arguir as testemunhas da acusação e de arguir as testemunhas arroladas por mim. Em terceiro lugar, requeiro o direito de fazer todos os pedidos necessários que eu, como leigo, possa pensar para ajudar na minha defesa e provar minha inocência e de apresentar as razões para esses pedidos.

RICHARD SCHULTZ: Podemos responder brevemente, Meritíssimo? Excelência, isso é uma manobra. É apenas um truque simples e óbvio.

JUIZ HOFFMAN: O Sr. Seale pediu permissão para atuar em causa própria, ser liberado da fiança e desempenhar certas funções que considera necessárias para sua defesa. Ao exercer o seu arbítrio, este tribunal deve negar a petição do réu para atuar em causa própria quando tal procedimento causar perturbação no processo e quando a negativa não for prejudicial para o réu. Acho que permitir que o réu Seale atue agora como seu próprio advogado produziria exatamente esse efeito perturbador. Além disso, o indeferimento da petição do réu para representar a si mesmo não seria prejudicial ao seu caso. Pelo contrário, a complexidade do caso torna a autorrepresentação inadequada e o réu seria mais prejudicado se pudesse conduzir a própria defesa do que se sua petição fosse denegada.

BOBBY SEALE: O senhor está dizendo que vai me colocar na prisão, que vai me prender, isso é uma coisa. Vai acusar desacato ao tribunal porque estou falando em meu nome. O júri tem preconceito contra mim por causa daquelas cartas ameaçadoras e você sabe disso. Sabe disso, aquelas supostas cartas de ameaça, que sabe que são falsas. Agora, como esse júri pode me dar um julgamento justo?

JUIZ HOFFMAN: Sr. Oficial, pode ir até aquele homem e pedir que se cale?

BOBBY SEALE: Sabe, o homem negro só está tentando obter um julgamento justo neste país. Governo dos Estados Unidos, hein? Nixon e o resto deles. Vão em frente e continuem. Vou assistir enquanto me ferram.

22 de outubro de 1969

O júri não estava presente.

WILLIAM KUNSTLER: Por volta de 16 de outubro deste ano, o Sr. Seale me informou novamente que apresentaria uma petição perante Vossa Excelência a fim de obter permissão para representar a si mesmo. Além disso, ele reiterou que havia me dispensado e todos os outros advogados, exceto o Sr. Garry, seu representante legalmente constituído, e que eu não deveria executar nenhuma ação adicional em relação a ele e que deveria me retirar formalmente de seu caso. Sendo assim, estou fazendo isso por meio da petição que apresentei a Vossa Excelência ontem, e uma cópia foi entregue ao representante do Ministério Público.

THOMAS FORAN: Fica, então, ao sensato arbítrio deste juízo determinar se este direito anterior ao início do julgamento de um cliente de representar a si mesmo pode ser suprimido diante da forte probabilidade de que, no meio de um julgamento, a dispensa de um advogado resultaria na total anulação dos procedimentos judiciais — a completa invalidação dos procedimentos judiciais em prejuízo de um julgamento justo. Com base nisso, Meritíssimo, o Ministério Público pede a este juízo que rejeite a petição.

Um espectador foi expulso do recinto.

BOBBY SEALE: Você é um porco por expulsá-lo.

ESPECTADORES: É isso aí, é isso aí!

OFICIAL: Este honorável tribunal retomará agora a sua sessão.

ESPECTADORES: ÓINC! ÓINC!

WILLIAM KUNSTLER: Meritíssimo, se me permite fazer um pedido — os outros sete réus compraram um bolo de aniversário para Bobby Seale, que completa 33 anos hoje, e me solicitaram que pedisse a permissão de Vossa Excelência, uma vez que os oficiais os impediram, para pelo menos trazerem o bolo e presentearem o Sr. Seale antes que o júri entre.

JUIZ HOFFMAN: Sr. Kunstler, não permitirei que ninguém traga um bolo de aniversário. Não como nem bebo em meu gabinete. Este é um tribunal e realizamos julgamentos aqui. Sinto muito.

RENNIE DAVIS: Eles prenderam seu bolo, Bobby. Eles o prenderam.

23 de outubro de 1969

Testemunha da acusação Louis Salzberg, jornalista e informante do FBI

Salzberg era um fotógrafo jornalístico da cidade de Nova York e um informante pago do FBI, do qual recebeu "cerca de US$7 mil ou US$8 mil". Ele foi questionado sobre uma reunião de 14 de março de 1968 em uma igreja em Manhattan, onde Tom Hayden discursou.

RICHARD SCHULTZ: O senhor poderia repetir exatamente o que ele disse?

R: Ele disse que o objetivo do Mobe era foder com a Convenção de Chicago.

Arguição pela defesa

WILLIAM KUNSTLER: [Em seu relatório para o FBI], o senhor incluiu as palavras ditas pelo Sr. Hayden?

R: Não, não incluí. O agente me disse que eu deveria fazer meus relatórios por telefone e que não poderiam conter obscenidades. Eles não iriam imprimi-los e perguntei por que, e ele me disse que as estenógrafas eram jovens garotas, e eles não os imprimiriam dessa forma.

P: Não perguntaram ao Sr. Hayden sobre a violência em Chicago?

R: Perguntaram se haveria ou não violência em Chicago, tumultos, e Hayden respondeu que esperava que não. Não era seu propósito incitar nenhum gueto negro à violência em Chicago.

Testemunha da acusação Frank D. Sweeney, publicitário e informante do FBI

Sweeney era um publicitário de Nova York que recebera US$300 do FBI por relatórios sobre reuniões. Ele testemunhou sobre as declarações de Tom Hayden em uma reunião do Fifth Avenue Vietnam Peace Parade Committee que ocorreu em 25 de julho de 1968 em um hotel de Nova York.

FRANK SWEENEY: [Tom Hayden] disse que a guerra no Vietnã era imoral, que era uma guerra de genocídio e que os Estados Unidos eram uma nação criminosa. Ele disse que, como os Estados Unidos eram uma nação fora da lei que havia quebrado todas as regras, os manifestantes a favor da paz também podiam quebrar todas as regras. Ele se referiu especificamente à Convenção Democrata em Chicago. Falou sobre o fato de que os norte-vietnamitas estavam derramando sangue e que os manifestantes, quando fossem a Chicago, deveriam estar preparados para derramar sangue também.

Mais tarde, Hayden escreveu: "O que eu de fato disse foi que tínhamos que estar preparados para 'derramar nosso próprio sangue' e que 'as regras do jogo da política eram corruptas e deveriam ser quebradas'."[1]

27 de outubro de 1969

BOBBY SEALE: E quanto ao meu direito constitucional de me defender e ter meu advogado?

JUIZ HOFFMAN: Seus direitos constitucionais...

BOBBY SEALE: Você está negando-os. Você os nega o tempo todo. Tudo que diz é indeferido, indeferido, indeferido e começa a guinchar na cara do povo deste país. Está começando a representar a corrupção deste governo podre de quatrocentos anos...

OFICIAL DO TRIBUNAL: Sr. Seale, queira se sentar.

BOBBY SEALE: Por que você não me dá um murro na boca? Tente isso.

OFICIAL: Sente-se.

JUIZ HOFFMAN: Senhoras e senhores do júri, lamento ter de dispensá-los.

BOBBY SEALE: Espero que vocês não me culpem por nada. As cartas falsas e os bilhetes mentirosos dizendo que o Partido dos Panteras Negras ameaçou aquela jurada são uma mentira, e vocês sabem que é uma mentira, a acusação fez isso para envenenar o júri contra mim.

O júri foi dispensado.

BOBBY SEALE: Entenderam? Esse governo racista com suas teorias de Superman e sua política de revista em quadrinhos. Sabemos muito bem que o Superman nunca salvou um negro. Sacaram?

Testemunha da acusação William Frapolly, policial de Chicago disfarçado

Frapolly era membro do Chicago Red Squad e uma das três principais testemunhas da acusação. Como estudante de uma faculdade estadual, ele deixou o cabelo crescer e se infiltrou na SDS, no Mobe e em outros grupos antiguerra. Ele foi questionado sobre o que Rennie Davis disse em uma reunião realizada na sede do Mobe em 9 de agosto, na qual as manifestações estavam sendo planejadas.

WILLIAM FRAPOLLY: Ele disse que uma boa manifestação seria levar de 50 a 100 mil pessoas para o Loop, e então essas pessoas marchariam pelo Loop e causariam perturbação. Ele falou: "Nós bloquearíamos os carros que passassem pela rua, impediríamos que as pessoas entrassem e saíssem dos prédios. Invadiríamos lojas. Quebraríamos vitrines e tentaríamos fechar o Loop como um todo."

Frapolly foi questionado sobre o comício "Huey Livre", realizado no Lincoln Park em 27 de agosto de 1968.

THOMAS FORAN: Você reconheceu algum dos oradores?

R: Ouvi Jerry Rubin fazer um discurso, Phil Ochs cantou e então uma pessoa que se identificou como Bobby Seale falou.

BOBBY SEALE: Protesto, porque meu advogado não está aqui. Meu direito de me defender neste tribunal foi negado. Eu me oponho ao testemunho deste homem contra mim, pois meus direitos constitucionais me foram negados.

JUIZ HOFFMAN: Eu repito, o senhor tem advogado. Seu advogado é William Kunstler.

BOBBY SEALE: Ele não me representa.

O júri foi retirado da sala do tribunal.

JUIZ HOFFMAN: Se continuar com isso...

BOBBY SEALE: Continuar com o quê? Continuar com o quê? Continuar tendo meus direitos constitucionais negados?

JUIZ HOFFMAN: O senhor vai se calar?

BOBBY SEALE: Eu ainda protesto. Eu me oponho porque você sabe que é errado. Você negou meu direito à defesa. Acha que os negros não pensam. Bem, nós temos grandes cérebros, bons cérebros, e conhecemos muito bem nossos direitos constitucionais. Ainda me oponho ao testemunho deste homem contra mim sem meu advogado presente, sem que eu tenha o direito de me defender.

JUIZ HOFFMAN: Está registrando tudo isso, Srta. Escrivã?

BOBBY SEALE: Espero que registre tudo.

28 de outubro de 1969

BOBBY SEALE: Eu gostaria de arguir a testemunha.

JUIZ HOFFMAN: O senhor tem um advogado presente.

BOBBY SEALE: Este homem não é meu advogado. Você está violando o Título 42 do Código Criminal dos Estados Unidos. Ele afirma que um homem negro não pode ser discriminado em sua defesa legal. É uma velha lei da era da Reconstrução e você não reconhece meu direito, então eu gostaria de inquirir a testemunha.

OFICIAL: Sente-se, Sr. Seale.

O júri foi dispensado.

BOBBY SEALE: Ei, você me viu fazer um discurso no Lincoln Park, William — Sr. William Frapolly?

JUIZ HOFFMAN: Que conste nos autos que o réu Seale continua falando sem a anuência deste juízo, apesar da advertência deste magistrado e em desacato a este juízo.

BOBBY SEALE: Que fique registrado que você violou a lei. Um homem negro não pode ser discriminado em sua defesa legal e é exatamente isso que você fez.

JUIZ HOFFMAN: A ata do julgamento mostra exatamente o contrário.

BOBBY SEALE: Mostra que você está violando, que violou meus direitos constitucionais. Eu quero inquirir a testemunha.

JUIZ HOFFMAN: Eu o advirto, senhor, que está agindo em reiterado desacato a este tribunal.

BOBBY SEALE: Eu advirto você. Está desacatando os direitos constitucionais das pessoas.

TOM HAYDEN: Que conste nos autos que o juiz estava rindo.

BOBBY SEALE: Sim, ele está rindo.

JUIZ HOFFMAN: Quem fez essa observação?

THOMAS FORAN: O réu Hayden, Meritíssimo, foi quem fez a observação.

BOBBY SEALE: E eu.

JUIZ HOFFMAN: Estou advertindo o senhor que a lei...

BOBBY SEALE: Em vez de me advertir, por que não me adverte que tenho o direito de me defender, hein?

JUIZ HOFFMAN: Estou avisando que o tribunal tem o direito de amordaçá-lo. Eu não quero fazer isso. Segundo a lei, você pode ser amordaçado e acorrentado à sua cadeira.

BOBBY SEALE: Amordaçado? Já estou sendo ferrado.

JUIZ HOFFMAN: O tribunal tem esse direito e eu...

BOBBY SEALE: O tribunal não tem direito algum. O tribunal não tem o direito de me impedir de exercer meus direitos constitucionais.

JUIZ HOFFMAN: O tribunal entrará em recesso até amanhã de manhã às 10h.

OFICIAL: Todos de pé.

BOBBY SEALE: Eu não vou me levantar. Não vou me levantar até que ele reconheça meus direitos constitucionais.

JUIZ HOFFMAN: Sr. Oficial, faça com que ele se levante.

OFICIAL: Sr. Seale...

JUIZ HOFFMAN: E o outro também. Faça com que todos os réus se levantem.

OFICIAL: Sr. Hayden, por favor, levante-se.

JUIZ HOFFMAN: Que conste na ata de julgamento que nenhum dos réus se levantou. O tribunal está em recesso.

29 de outubro de 1969

ABBIE HOFFMAN: Há 25 oficiais aqui agora, e todos estão armados.

WILLIAM KUNSTLER: Meritíssimo, protesto contra essa espécie de acampamento militar que se formou desde o início deste julgamento.

JUIZ HOFFMAN: Não é um acampamento militar.

WILLIAM KUNSTLER: Não é certo, não é bom e não é necessário.

RICHARD SCHULTZ: Excelência, por favor, antes de o senhor entrar no recinto, Bobby Seale se levantou e se dirigiu a este grupo.

BOBBY SEALE: Isso mesmo, irmão.

RICHARD SCHULTZ: E Bobby Seale disse que se ele for... que caso fosse atacado, eles sabem o que devem fazer.

BOBBY SEALE: Também posso falar em nome dos meus direitos constitucionais.

RICHARD SCHULTZ: Ele estava falando com essas pessoas sobre um ataque por parte delas.

BOBBY SEALE: Você está mentindo. Seu mentiroso sujo. Eu disse a elas para se defenderem. Você é um porco racista podre, mentiroso fascista, é isso que você é. Seu mentiroso asqueroso, mentiroso asqueroso. Você é um porco mentiroso fascista. Para que todos entendam, espero que conste nos autos que o ardiloso Dick Schultz, trabalhando para Richard Nixon e para o governo, que o ardiloso Dick Schultz é um mentiroso e que temos o direito de nos defender, e se você me atacar, eu me defenderei.

ESPECTADORES: Pode apostar!

BOBBY SEALE: De um ataque físico daqueles malditos oficiais, foi o que eu disse.

JUIZ HOFFMAN: Que fique registrado em ata que o tom de voz do Sr. Seale é de exaltação, que ele está batendo na mesa e gritando. Isso será tratado apropriadamente em algum momento no futuro.

WILLIAM KUNSTLER: Meritíssimo, que conste em ata então que o Sr. Schultz gritou.

JUIZ HOFFMAN: Se o que ele disse era verdade, não posso culpá-lo por levantar a voz.

O júri foi chamado e depois dispensado.

JUIZ HOFFMAN: [*para Bobby Seale*] Peço que se sente, senhor. Você tem um advogado para falar por você. Não fui comunicado de que o senhor representa todos os réus.

ABBIE HOFFMAN: Nos disseram que eles também são réus.

JUIZ HOFFMAN: A última declaração foi feita pelo réu Abbie Hoffman.

ABBIE HOFFMAN: Eu não uso mais esse sobrenome.

Arguição pela defesa

LEONARD WEINGLASS: Naquela reunião [*outra, dois dias antes*], foi o senhor quem sugeriu que ganchos e cordas fossem usados contra os jipes com concertina, correto?

WILLIAM FRAPOLLY: Isso não é correto, senhor.

P: Conte-nos, então, qual foi sua sugestão a Rennie Davis?

R: Sugeri a Rennie Davis e algumas outras pessoas que lançassem um gancho no arame farpado pendurado no jipe.

P: As pessoas pediam sugestões, mas você foi o único que sugeriu que um veículo militar fosse sabotado, não é verdade?

R: Acho que houve outras sugestões, senhor.

JUIZ HOFFMAN: A acusação tem mais perguntas?

BOBBY SEALE: Antes do redirecionamento, gostaria de solicitar novamente — exigir — que eu possa inquirir a testemunha. Meu advogado não está presente. Acho que tenho o direito de me defender neste tribunal.

JUIZ HOFFMAN: Retire o júri.

BOBBY SEALE: Você tem George Washington e Benjamin Franklin sentados em uma foto atrás de você, e eles eram proprietários de escravos. É isso que eles eram. Eram donos de escravos. Você está agindo da mesma forma, me negando meus direitos constitucionais de poder inquirir esta testemunha.

O júri foi dispensado.

JUIZ HOFFMAN: Sr. Seale, eu o adverti anteriormente...

BOBBY SEALE: Tenho o direito de inquirir a testemunha.

JUIZ HOFFMAN: ... do que pode acontecer com você se continuar falando. Vamos fazer um recesso agora, meu jovem. Se continuar assim...

BOBBY SEALE: Olha, meu velho, se continuar me negando meus direitos constitucionais, ficará claro para o público e para o mundo que você não se importa com os direitos constitucionais das pessoas de se defenderem.

JUIZ HOFFMAN: Aviso que o que eu lhe disse ontem pode acontecer com você...

BOBBY SEALE: Acontecer comigo? O que pode ser pior do que Benjamin Franklin e George Washington fizeram com os negros escravos? O que pode acontecer comigo que é pior do que isso?

JUIZ HOFFMAN: [*para William Kunstler*] Vou lhe dizer uma coisa, tendo em vista que já foi dito aqui que todos os réus apoiam o que este homem está fazendo, no horário do almoço refletirei se eles apresentam riscos para a fiança e considerarei seriamente a cassação da fiança se o senhor não conseguir controlar seus clientes.

WILLIAM KUNSTLER: Meritíssimo, eles disseram que apoiam totalmente o direito deste homem de se defender ou de ter o advogado de sua escolha, e se esse é o preço da fiança, então acho que esse será o preço da fiança.

BOBBY SEALE: Posso dizer algo ao tribunal?

JUIZ HOFFMAN: Não, obrigado.

BOBBY SEALE: Por que não?

JUIZ HOFFMAN: Bem, fui chamado de racista, fascista… ele apontou para a foto de George Washington atrás de mim e o chamou de proprietário de escravos e…

BOBBY SEALE: Eles eram proprietários de escravos. Basta olhar a história.

JUIZ HOFFMAN: Como se eu tivesse algo a ver com isso.

BOBBY SEALE: Eles eram proprietários de escravos. Você tem a foto deles na parede.

JUIZ HOFFMAN: George Washington é conhecido como o pai fundador deste país, e acho que é uma imagem muito boa de se ter em um tribunal federal dos Estados Unidos.

WILLIAM KUNSTLER: Todos nós compartilhamos uma culpa comum, Meritíssimo.

JUIZ HOFFMAN: Achei que nunca viveria para sentar nesta tribuna ou estar presente em um tribunal onde George Washington fosse atacado por um réu em um processo criminal e um juiz criticado por ter o retrato do pai fundador na parede.

BOBBY SEALE: E quanto à Seção 1982, Título 42 do Código, que diz expressamente que um homem negro não pode ser discriminado em sua defesa legal em nenhum tribunal dos Estados Unidos?

JUIZ HOFFMAN: Sr. Seale, o senhor vai parar ou quer que eu ordene ao oficial…

BOBBY SEALE: Eu quero discutir essa questão.

JUIZ HOFFMAN: Faremos um recesso. Leve aquele réu para a sala e faça o que é preciso nesta circunstância.

BOBBY SEALE: Ainda quero ser representado. Eu quero me representar.

OFICIAL: William Kunstler, o senhor pode instruir os réus que é ordem do tribunal que eles se levantem no recesso?

WILLIAM KUNSTLER: Se essa é uma orientação do tribunal, com certeza vou passá-la adiante.

JUIZ HOFFMAN: Que conste em ata que, em resposta ao pedido do oficial, nenhum dos réus se levantou neste recesso.

BOBBY SEALE: Que conste em ata que…

OFICIAL: O tribunal entrará em um breve recesso.

BOBBY SEALE: Que conste em ata…

Nesse ponto, meia dúzia de oficiais arrastaram Bobby Seale para longe e todos os réus pularam de seus assentos. Dave Dellinger tentou proteger Seale, mas foi derrubado. Jerry Rubin gritou: "Eles estão chutando as bolas dele", e então levou um soco no rosto de um dos oficiais. Tom Hayden gritou para o juiz: "Meritíssimo, tudo o que ele quer é ser representado legalmente, não ser um escravo aqui."

Hayden descreveu o que aconteceu em seguida: "Ninguém no tribunal naquele dia esquecerá a visão repugnante de Bobby Seale sendo carregado de volta para a sala. Cercado por oficiais, ele estava sentado em uma cadeira alta, com os pulsos e tornozelos amarrados por correntes tilintantes. Envolvido em torno de sua boca e na parte de trás de sua cabeça estava um pano branco grosso. Seus olhos, as veias do pescoço e as têmporas inchavam com o esforço de manter a respiração. Por mais chocantes que fossem as correntes e a mordaça, ainda mais inacreditável foi a tentativa de retornar o tribunal à normalidade."[2] O júri voltou e o procurador se dirigiu ao juiz.

Bobby Seale amarrado e amordaçado

THOMAS FORAN: Meritíssimo, se o Sr. Seale expressasse ao tribunal a disposição de se calar, o senhor consideraria a possibilidade, nessas circunstâncias, de o Sr. Seale ser desamarrado e desamordaçado?

JUIZ HOFFMAN: Eu me esforcei muito, de todo o coração, para convencê-lo a sentar-se neste tribunal e ser julgado de forma justa e imparcial, e, em todas as ocasiões, recebi todos os tipos de injúrias cruéis. Sr. Seale, eu lhe pergunto, e pode responder sacudindo a cabeça para cima e para baixo ou balançando a cabeça em negativa, se tenho ou não sua garantia de que não interromperá este julgamento se for autorizado a retomar o seu antigo lugar na bancada dos réus. O senhor me garante?

Para espanto de todos, Seale conseguiu falar com a voz abafada através da mordaça, e a estenógrafa da corte registrou suas palavras.

BOBBY SEALE [*amordaçado*]: Não consigo falar. Eu tenho o direito de falar. Por mim e por força de meus direitos constitucionais, tenho o direito de falar e ser ouvido.

WILLIAM KUNSTLER: Gostaria que constasse em ata que o Sr. Seale está sentado em uma cadeira de metal, cada mão algemada à perna da cadeira nos lados direito e esquerdo para que não possa levantar as mãos, e que uma mordaça está firmemente envolta em sua boca e amarrada na parte de trás, e, quando tenta falar, ouve-se um som abafado, como constatado nas várias vezes em que tentou fazê-lo desde que foi amarrado e amordaçado.

BOBBY SEALE [*amordaçado*]: Você não me representa. Sente-se, Kunstler.

JUIZ HOFFMAN: Sr. Oficial, não acho que tenha cumprido seu propósito com esse tipo de artifício. Teremos que fazer outro recesso.

Bobby Seale amarrado e amordaçado

Nesse ponto, os oficiais carregaram Bobby Seale em sua cadeira para fora do tribunal e o trouxeram de volta com o que Tom Hayden mais tarde descreveu como "um dispositivo semelhante a uma rolha" em sua boca, amarrado em seu rosto com uma mordaça de pano.³ O juiz então tentou explicar esse espetáculo horrível ao júri.

JUIZ HOFFMAN: Senhoras e senhores do júri, devo informar aos senhores que, em um julgamento por júri em um tribunal federal dos Estados Unidos, o juiz não é um mero moderador perante a lei, mas, sim, o governador do julgamento, com o objetivo de garantir sua conduta apropriada e imparcial e de determinar questões de direito. A lei exige que o juiz mantenha a ordem e tome as medidas que a seu critério sejam apropriadas e, consequentemente, os oficiais têm se esforçado para manter a ordem da maneira que vocês têm visto aqui no tribunal. Sr. Weinglass, deseja arguir a testemunha?

WILLIAM KUNSTLER: Meritíssimo, antes que o Sr. Foran prossiga, quero apenas requerer, em nome dos outros sete réus, além do Sr. Seale, a remoção das correntes e da mordaça com o fundamento de que ele estava tentando apenas fazer valer seu direito à defesa nos termos da Constituição. Em nome dos sete réus, requeiro a remoção imediata da mordaça e das algemas dos braços e das pernas.

JUIZ HOFFMAN: O Sr. Kunstler fez um pedido em nome dos outros sete réus. Eu os instruo, senhoras e senhores do júri, a não atribuírem a conduta e as medidas tomadas contra o Sr. Seale a nenhum dos outros réus. Essas medidas não indicam prova de sua culpa ou falta de culpa pelas acusações contidas na denúncia. As medidas foram tomadas apenas, como eu disse, para assegurar o bom desenrolar deste julgamento, o que sou obrigado a fazer nos termos da lei. O pedido do Sr. Kunstler será indeferido.

30 de outubro de 1969

Bobby Seale apareceu novamente perante o júri amarrado e amordaçado. Os depoimentos começaram, mas o juiz rapidamente ordenou que o júri saísse da sala do tribunal. Um grupo de oficiais começou a lutar com Seale e chutou sua cadeira. Todos se levantaram, e de acordo com a autobiografia de Tom Hayden: "Os oficiais estavam esmurrando e acotovelando os outros réus, os espectadores e até membros da imprensa."[4]

WILLIAM KUNSTLER: Meritíssimo, vamos parar com a exibição de tortura medieval que está acontecendo neste tribunal? É realmente vergonhoso, devo dizê-lo.

JERRY RUBIN: Aquele cara está colocando o cotovelo na boca de Bobby e não tem necessidade.

WILLIAM KUNSTLER: Este não é mais um tribunal de ordem, Meritíssimo, é uma câmara de tortura medieval. É escandaloso. Eles estão agredindo os outros réus também.

JERRY RUBIN: Não bata nas minhas bolas, filho da puta.

BOBBY SEALE [*amordaçado*]: Essa porra está apertada e está impedindo minha circulação.

WILLIAM KUNSTLER: Meritíssimo, é um terrível ultraje à justiça o que está acontecendo neste tribunal e eu, como advogado nos Estados Unidos, me sinto envergonhado.

THOMAS FORAN: Criado pelo Sr. Kunstler.

WILLIAM KUNSTLER: Criado por nada além do que o senhor fez a este homem.

ABBIE HOFFMAN: Venha aqui e veja por si mesmo, juiz.

THOMAS FORAN: Que conste em ata que as explosões de raiva são do réu Rubin.

BOBBY SEALE [*amordaçado*]: Seus porcos fascistas, seus filhos da puta desgraçados. Estou feliz por ter dito que Washington tinha escravos, o primeiro presidente...

WILLIAM KUNSTLER: Eu simplesmente sinto vergonha de ser um advogado norte-americano neste momento.

JUIZ HOFFMAN: O senhor deveria se envergonhar de sua conduta neste caso.

WILLIAM KUNSTLER: Que conduta, quando um cliente é tratado dessa maneira?

JUIZ HOFFMAN: Faremos um breve recesso.

WILLIAM KUNSTLER: Alguém pode acompanhar o Sr. Seale? Nós não confiamos...

JUIZ HOFFMAN: Ele não é seu cliente, o senhor mesmo disse.

WILLIAM KUNSTLER: Estamos falando em nome dos outros sete [réus].

JUIZ HOFFMAN: Os oficiais cuidarão dele.

JERRY RUBIN: Cuidarão dele?

Depois de um recesso, o juiz instruiu Weinglass a continuar com o interrogatório.

LEONARD WEINGLASS: De pé aqui neste atril, a apenas um metro e meio de um homem que está algemado, amordaçado e acorrentado e que, quando o júri não está neste tribunal...

JUIZ HOFFMAN: O senhor continuará com seu interrogatório?

LEONARD WEINGLASS: ... é agredido fisicamente pelos oficiais, estou tentando explicar por que é impossível para mim, neste momento, prosseguir com meu interrogatório da testemunha. Como um pedido dos réus, solicito ao tribunal que pergunte aos jurados se eles acham que conseguem ou não continuar neste caso com deliberações ordeiras enquanto um homem está sentado aqui recebendo o tratamento que Bobby Seale está recebendo neste tribunal.

O júri foi dispensado.

JUIZ HOFFMAN: A forma da petição está errada, portanto, eu a indefiro.

LEONARD WEINGLASS: Posso ter a oportunidade de reformulá-la?

JUIZ HOFFMAN: Não.

O júri retornou à sala do tribunal.

JUIZ HOFFMAN: Senhoras e senhores do júri, esses incidentes não devem ser considerados por vocês para determinar a culpa ou inocência de qualquer um dos réus e ordeno que desconsiderem todos os incidentes. Sr. Seale, ordeno que se abstenha de fazer esses barulhos.

RENNIE DAVIS: Senhoras e senhores do júri, ele foi torturado por esses oficiais enquanto vocês estavam fora desta sala. Eles vêm e o torturam enquanto vocês estão fora da sala. É uma coisa terrível o que está acontecendo.

O juiz ordenou a remoção do júri.

TOM HAYDEN: Agora eles vão espancá-lo, vão bater nele.

ABBIE HOFFMAN: Se é para amordaçá-lo, matem ele logo de uma vez.

JUIZ HOFFMAN: Você não tem permissão para se dirigir ao tribunal, Sr. Hoffman. O senhor tem um advogado constituído.

ABBIE HOFFMAN: Isto não é um tribunal. Isto é um forno de néon. *[Hoffman estava se referindo ao teto da sala do tribunal, uma enorme variedade de luzes fluorescentes.]* A perturbação começou quando esses caras exageraram. É a mesma coisa que aconteceu no ano passado em Chicago, exatamente a mesma coisa.

JUIZ HOFFMAN: Sr. Seale, gostaria de ter a sua garantia de que não haverá repetição da conduta desta manhã. Que conste nos autos que o réu não respondeu adequadamente.

LEONARD WEINGLASS: Por favor, Meritíssimo, o Sr. Seale não pode responder verbalmente ao tribunal, pois sua boca está amordaçada, sendo assim, eu gostaria de ler e juntar aos autos como prova o seguinte bilhete que o Sr. Seale escreveu. "Eu quero e exijo meu direito de me defender, de ser capaz de fazer objeções e de atuar como meu próprio advogado de defesa, de poder continuar a arrazoar meus pedidos e requerimentos como qualquer réu ou cidadão dos Estados Unidos."

JUIZ HOFFMAN: O bilhete pode ser anexado nos autos como prova.

31 de outubro de 1969

O julgamento foi reiniciado com Bobby Seale novamente amarrado e amordaçado.

LEONARD WEINGLASS: Por favor, o Sr. Seale está com dificuldades. O oficial percebeu isso. Ele está em extremo desconforto. Ele me escreveu um bilhete informando que a circulação do sangue em sua cabeça é interrompida pela pressão da bandagem no topo do crânio; seria possível afrouxá-la? Ele está respirando com muita dificuldade. Acho que os dois oficiais conseguem ver.

WILLIAM KUNSTLER: Gostaria de reiterar meu pedido para que isso acabe. Tudo isso é absolutamente medieval. Acredito que o senhor jamais presenciou isso, como eu também não.

JUIZ HOFFMAN: Como ficou demonstrado na ata deste julgamento, não consigo controlar o Sr. Seale.

WILLIAM KUNSTLER: O senhor consegue, Meritíssimo. Ele só está pedindo uma coisa, o direito de se defender.

JUIZ HOFFMAN: O senhor é o advogado dele e, se fosse um advogado que se preze, continuaria a representá-lo.

WILLIAM KUNSTLER: Se eu fosse um advogado decente, protestaria contra o que está sendo feito neste tribunal e estou protestando em nome dos outros sete réus neste caso.

JUIZ HOFFMAN: Por que eu deveria ser julgado e atacado de forma obscena?

WILLIAM KUNSTLER: Mas, Meritíssimo, essa é uma reação de um negro por não poder se defender. Se o senhor tivesse dito a ele: "Defenda-se", nada disso teria acontecido.

JUIZ HOFFMAN: Tive advogados negros neste tribunal que defenderam casos com dignidade e habilidade. Sua cor nada tem a ver com sua conduta.

WILLIAM KUNSTLER: Nós, como advogados, e os outros sete réus sentimos que, na qualidade de seres humanos, é impossível continuar com o julgamento deste caso nas presentes circunstâncias; que é impossível para homens, na maioria brancos, se sentarem nesta sala enquanto um homem negro está acorrentado e continua...

JUIZ HOFFMAN: Gostaria que você não falasse sobre a distinção entre homens brancos e negros neste tribunal.

WILLIAM KUNSTLER: Os demais são sete homens brancos.

JUIZ HOFFMAN: Vivi muito tempo e você é a primeira pessoa que já sugeriu que discriminei um negro. Entre em meu gabinete e lhe mostrarei na parede o que um dos grandes jornais da cidade disse publicamente sobre mim em relação a [um] caso de segregação escolar.

WILLIAM KUNSTLER: Meritíssimo, este não é um momento para autoelogios de nenhum dos lados do atril.

JUIZ HOFFMAN: Não é um autoelogio, senhor. É uma defesa. Não vou deixar um advogado me acusar de ser intolerante perante meu tribunal.

WILLIAM KUNSTLER: Pelo amor de Deus, Meritíssimo, estamos procurando uma solução para um problema humano aqui e não se o senhor se sente bem ou mal ou se eu me sinto bem ou mal.

JUIZ HOFFMAN: Claro que não. Acho que é muito agradável para um juiz sentar-se aqui e ser chamado de fascista e racista... não posso nem repetir tudo que este homem me disse.

3 de novembro de 1969

Quando o julgamento recomeçou após um fim de semana, Bobby Seale estava sentado em sua cadeira, sem mordaça ou correntes. Aparentemente, o espetáculo na TV nacional de um homem negro amarrado e amordaçado em um tribunal federal foi muito prejudicial para a acusação. Tom Hayden lembrou que, quando o dia começou, Weinglass sussurrou para ele na bancada da defesa: "Eles decidiram se livrar de [Seale]. O julgamento será anulado."[5] Demorou mais dois dias.

LEONARD WEINGLASS: Será que o Sr. Schultz não consegue entender que um homem está sentado aqui em julgamento e enfrenta a possibilidade de uma pena de dez anos de prisão sem que seu advogado esteja neste tribunal?

4 de novembro de 1969

BOBBY SEALE: Não fui algemado porque chamei você de porco e fascista, o que ainda acho que você é, um porco, um fascista e um racista, mas me negaram meus direitos constitucionais. Quando um homem tem seus direitos constitucionais negados...

JUIZ HOFFMAN: Sente-se, por favor.

BOBBY SEALE: ... da maneira que você fez...

JUIZ HOFFMAN: Sr. Oficial, faça este homem se sentar.

BOBBY SEALE: ... você vai continuar sendo um porco, um fascista e um racista para mim. Você me negou meus direitos constitucionais.

JUIZ HOFFMAN: Senhorita Escrivã, anotou os comentários do Sr. Seale?

5 de novembro de 1969

Testemunha da acusação Bill H. Ray, assistente do xerife do condado de San Mateo

Ray foi chamado pela promotoria para testemunhar que viu Bobby Seale em 27 de agosto de 1968 no aeroporto de São Francisco, embarcando em um voo para Chicago. O depoimento foi necessário porque a denúncia mencionava a conduta de "viagem interestadual".

JUIZ HOFFMAN: A defesa está pronta para prosseguir com o interrogatório, senhores?

BOBBY SEALE: Sim.

JUIZ HOFFMAN: Sr. Kunstler, você tem alguma pergunta para esta testemunha?

WILLIAM KUNSTLER: Meritíssimo, uma vez que esta testemunha apenas relacionou fatos relevantes ao Sr. Seale, que, como Vossa Excelência sabe, me dispensou, não tenho perguntas.

BOBBY SEALE: Acho que tenho o direito de interrogá-la.

JUIZ HOFFMAN: Sr. Seale, peço que se sente.

BOBBY SEALE: Você já matou um membro do Partido dos Panteras Negras?

JUIZ HOFFMAN: Sr. Seale, terei de pedir que se sente, por favor.

BOBBY SEALE: Você já participou de alguma incursão nos escritórios do Partido dos Panteras Negras ou nas casas dos membros do Partido dos Panteras Negras?

JUIZ HOFFMAN: Sr. Seale, esta é a terceira vez que peço que se sente o mais educadamente possível.

O júri foi dispensado e o juiz ordenou um recesso até a tarde.

JUIZ HOFFMAN: Como todos sabemos, o réu Bobby G. Seale tem apresentado conduta inapropriada na presença do tribunal durante este julgamento, uma conduta que não é apenas contumaz, mas de caráter tão grave que continuamente perturba a condução dos procedimentos de maneira ordeira.

BOBBY SEALE: É mentira. Eu me levantei, falei em meu nome e fiz pedidos e requerimentos. Eu me levantei, fui até o atril e indiquei que queria inquirir a testemunha.

JUIZ HOFFMAN: Você está tornando tudo muito difícil para mim, Sr. Seale.

BOBBY SEALE: Você está dificultando as coisas para mim, juiz Hoffman.

JUIZ HOFFMAN: Observo que a leitura da ata do julgamento não é capaz de refletir e não reflete a verdadeira intensidade e extensão da perturbação que, em alguns casos, foi acompanhada por violência física...

BOBBY SEALE: Isso é mentira.

JUIZ HOFFMAN: ... ocorrida perante este tribunal.

BOBBY SEALE: Isso é mentira. Nunca ataquei ninguém e você sabe disso. Nunca bati em ninguém e sabe disso.

JUIZ HOFFMAN: Considero que os atos, as declarações e a conduta do réu Bobby Seale constituíram um ataque deliberado e obstinado à administração da justiça, uma tentativa de sabotar o funcionamento do sistema judiciário federal, uma má conduta de caráter tão grave que torna a mera imposição de multa um gesto fútil e uma punição totalmente insignificante. Como consequência, julguei Bobby G. Seale culpado de cada uma das especificações mencionadas em minhas observações orais, e o juízo irá impor... Apague isso. E o réu Seale será entregue à custódia do procurador-geral dos Estados Unidos ou de um mandatário para prisão por um período de três meses para cada uma das especificações, sendo as penas executadas consecutivamente.

Isso é mentira. Nunca ataquei ninguém e você sabe disso. Nunca bati em ninguém e sabe disso.

Bobby Seale e o juiz Hoffman

O juiz Hoffman listou dezesseis incidentes de desacato praticados por Bobby Seale; as sentenças totalizaram quatro anos.

JUIZ HOFFMAN: Haverá uma declaração de anulação do julgamento quanto ao réu Bobby G. Seale, e não quanto a quaisquer outros réus.

BOBBY SEALE: Espere um minuto, eu tenho direitos — o que você está tramando agora? Eu não posso ficar? Quero um julgamento imediato. Você não pode declarar a anulação do julgamento. Ficarei preso por quatro anos por nada? Eu quero meu casaco.

ESPECTADORES: Bobby livre! Bobby livre!

Os oficiais então levaram Bobby Seale para a prisão.

A exclusão de Bobby Seale e a sua sentença por desacato devido à exigência do direito de se defender marcaram a conclusão da semana mais dramática de qualquer julgamento político dos Estados Unidos em mais de meio século. Também transformou o julgamento dos 8 de Chicago em 7 de Chicago.

6 de novembro de 1969

LEONARD WEINGLASS: Se o tribunal permitir, temos uma petição oral para anulação do julgamento.

JUIZ HOFFMAN: Para o quê?

WILLIAM KUNSTLER: Se o tribunal permitir, temos aqui uma questão muito fundamental. A exclusão do réu e a anulação do julgamento em relação a Bobby Seale chegaram tarde demais. Meritíssimo, há uma violação de direitos constitucionais básicos tão fundamental que consideramos que torna todo este processo nulo e sem efeito. Instamos Vossa Excelência a conceder a anulação do julgamento a todos os réus restantes neste caso.

Bobby Seale

JUIZ HOFFMAN: Com base nos autos deste caso e nos precedentes aplicáveis, que este juízo examinou nesta manhã, a petição dos outros sete réus para a anulação do julgamento será indeferida.

Testemunha da acusação John Braddock, cinegrafista da ABC-TV

Braddock filmou um discurso de Tom Hayden realizado no Grant Park na manhã de quarta-feira, 28 de agosto. O vídeo foi exibido ao júri sem objeções da defesa.

TOM HAYDEN [*no vídeo*]: Descobrimos que nossa luta principal não era expor a falência do Partido Democrata. Eles fizeram isso sozinhos. Nossa luta principal é nossa própria sobrevivência, nossa sobrevivência como um movimento, nossa própria sobrevivência como uma cultura emergente que enfrenta a opressão militar em cada etapa do caminho.

Uma última questão dirigida às pessoas dentro do hotel e às pessoas que vieram do hotel para estar conosco aqui: seria muito bom, creio eu, seria muito bom que, pela manhã, vocês nos recebessem no hotel, em seus quartos, mais particularmente em seus banheiros, para que possamos nos limpar, porque temos muito trabalho a ser feito amanhã.

Amanhã é o dia pelo qual toda esta operação anseia há algum tempo. Neste momento, vemos as realidades da sociedade norte-americana expostas diante de nós, nos desafiando a dar um passo. Mas vamos dar este passo. Vamos nos reunir aqui. Vamos chegar ao Anfiteatro custe o que custar.

7 de novembro de 1969

O advogado Francis I. McTernan argumentou contra a sentença de quatro anos de Seale imposta pelo juiz Hoffman por desacato.

FRANCIS MCTERNAN: Eis aqui um leigo, sem formação como advogado, pedindo o que considerava seu direito de se defender e dispensar o advogado designado, pois o advogado de sua escolha não estava presente.

JUIZ HOFFMAN: Você pode discordar do juiz, seja leigo ou advogado...

FRANCIS MCTERNAN: Um leigo não é um advogado.

JUIZ HOFFMAN: ... mas para discordar dele você não o chama de porco e fascista.

FRANCIS MCTERNAN: O ponto a que quero chegar é o seguinte: o senhor continua se referindo ao quão desdenhosa foi a conduta do Sr. Seale e estou tentando dizer a Vossa Excelência, e gostaria de desenvolver o argumento, porque não consegui concluir, que, em primeiro lugar, estávamos lidando com um leigo, e não com um advogado. Em segundo lugar, estávamos lidando com um homem negro vindo de um gueto negro.

JUIZ HOFFMAN: Ah, não quero ouvir mais nada sobre um homem negro. A única pessoa que mencionou homens negros neste tribunal foi seu cliente. Você não me conhece, senhor, mas sou tão bom amigo dos negros nesta comunidade quanto eles mesmos, e se você não acredita, leia os livros.

FRANCIS MCTERNAN: Nesta fase da minha argumentação, não estou sugerindo, Meritíssimo, que ele foi discriminado.

JUIZ HOFFMAN: Então por que mencionar a cor?

FRANCIS MCTERNAN: Porque tem a ver com as palavras que ele usou, Meritíssimo. Tem a ver com a cultura da qual ele vem e o significado atribuído às palavras. É disso que quero tratar.

JUIZ HOFFMAN: Conheci, literalmente, milhares do que costumávamos chamar de pessoas de cor, e que agora são chamados de negros, e nunca ouvi esse tipo de linguagem sair da boca de nenhum deles. Tive bons advogados negros naquele púlpito e no púlpito do antigo tribunal, e nunca ouvi um advogado, um advogado negro, usar esse tipo de linguagem, ou qualquer testemunha negra, ou qualquer réu negro em um caso criminal. Nunca. Não há qualquer evidência neste caso de que isso seja parte de uma cultura.

Sou tão bom amigo dos negros nesta comunidade quanto eles mesmos.

Juiz Hoffman

THOMAS FORAN: Gostaria de chamar a atenção do tribunal para outra questão, que, mais uma vez, torna a petição do advogado realmente discutível: o fato de o Sr. Seale não responder a apenas esta acusação, mas também a uma em New Haven, Connecticut, por conspiração para cometer assassinato. Ele não tem o direito, nem mesmo constitucional, de estar nas ruas. Não há ninguém neste tribunal que não saiba que o Sr. Seale é um homem muito inteligente e articulado. A ideia, a mera ideia de que sua conduta grosseira neste tribunal é devida à sua raça é um insulto a qualquer ser humano membro dessa raça. Sua conduta grosseira, como ser humano, é resultado de seu desprezo por este tribunal.

12 de novembro de 1969

Testemunha da acusação Irwin Bock, policial de Chicago disfarçado

Bock era membro da seção "secreta" do Chicago Red Squad e uma das três principais testemunhas da acusação. Veterano da Marinha, ele se infiltrou na Veterans for Peace, depois no comitê de direção do Mobe e, então, se tornou um dos organizadores da manifestação durante a convenção. Ele esteve no banco das testemunhas de 12 a 20 de novembro. Richard Schultz pediu que descrevesse uma reunião realizada no escritório do Mobe em 9 de agosto, na qual foram planejadas as manifestações na convenção.

IRWIN BOCK: Hayden disse que ele, Rennie Davis e Abbie Hoffman planejavam táticas de distração que seriam executadas durante o trajeto da marcha principal até o Anfiteatro. Essas táticas consistiam em quebrar vidraças, acionar alarmes de incêndio, iniciar pequenos incêndios e tinham dois propósitos. Tom Hayden disse que, se os lados Sul e Oeste se rebelassem como fizeram nos distúrbios de abril em Chicago, a cidade teria muitos problemas.

18 de novembro de 1989

JUIZ HOFFMAN: Sr. Kunstler, há um grande arquiteto, Mies van der Rohe, que nos deixou recentemente. Assim como este edifício, ele projetou este púlpito, que é um púlpito, e não um balcão para se encostar. Já lhe pedi para se posicionar atrás dele ao arguir a testemunha.

WILLIAM KUNSTLER: Meritíssimo, o procurador argui a testemunha sentado à sua mesa e se apoia sobre seus documentos.

JUIZ HOFFMAN: Eu não me importo com isso.

WILLIAM KUNSTLER: Por que sou diferente?

JUIZ HOFFMAN: Não vi o representante do Ministério Público apoiar o cotovelo naquela coisa e se pendurar nela como se fosse um balcão; eu não permitiria que ele ou o senhor fizesse isso.

WILLIAM KUNSTLER: Talvez eu esteja cansado, Meritíssimo. O que há de errado em me apoiar no púlpito?

JUIZ HOFFMAN: Se você está cansado, então deixe que o Sr....

WILLIAM KUNSTLER: Weinglass.

JUIZ HOFFMAN: ... Weinglass assuma. Eu posso estar cansado, mas estou sentado aqui...

WILLIAM KUNSTLER: O senhor está sentado em uma cadeira confortável.

JUIZ HOFFMAN: Estou sentado onde deveria.

WILLIAM KUNSTLER: Enquanto eu estou de pé.

JUIZ HOFFMAN: Não vou permitir que se apoie no púlpito.

WILLIAM KUNSTLER: Posso colocar minhas mãos assim, Meritíssimo?

JUIZ HOFFMAN: Sim. Sim. Isso não é se apoiar. Já que está cansado, faremos um recesso para que possa dormir à tarde.

26 de novembro de 1969

O juiz Hoffman se recusou a permitir que John Sinclair, ativista antiguerra e fundador do Partido dos Panteras Brancas, saísse da prisão para testemunhar para a defesa.

O júri não estava presente.

WILLIAM KUNSTLER: A lei permite, mas os réus têm o direito de decidir o que farão agora, depois que uma testemunha-chave para a defesa foi indeferida. Gostaríamos de um recesso para discutir a questão.

JUIZ HOFFMAN: Indefiro o pedido de recesso. Não faço recessos...

DAVE DELLINGER: Ah, Jesus... Fascista.

JUIZ HOFFMAN: Quem é aquele homem falando, Sr. Oficial?

DAVE DELLINGER: Sou o Sr. David Dellinger e estou dizendo que é um indeferimento arbitrário você decidir quem é uma testemunha-chave para nossa defesa. Acho que estas são atitudes de um tribunal fascista, tomar decisões desse tipo e nos privar de nossas testemunhas. Só porque ele já foi perseguido em um julgamento, agora nós e ele somos alvos de perseguição em outro.

RENNIE DAVIS: Por que você não amordaça todos nós, juiz?

JUIZ HOFFMAN: Quem disse isso?

RENNIE DAVIS: Bobby Seale disse isso.

O júri retornou à sala do tribunal.

ABBIE HOFFMAN: Estamos muito confusos. O Ministério Público vai apresentar tanto a nossa defesa quanto a nossa acusação?

JUIZ HOFFMAN: Registrou isso... qual é o nome daquele réu falando?

ABBIE HOFFMAN: Apenas Abbie. Não tenho sobrenome, juiz. Eu perdi.

28 de novembro de 1969

Testemunha da acusação Richard Schaller, oficial de Inteligência Naval dos EUA

JUIZ HOFFMAN: Deixarei que a testemunha diga se sabe o que é obscenidade. Você sabe o que é obscenidade?

RICHARD SCHALLER: Acho que sim, mas tenho certeza de que eu e o advogado podemos divergir aqui e ali.

LEONARD WEINGLASS: Sr. Schaller, é uma obscenidade para o prefeito de uma grande área metropolitana aconselhar sua polícia a atirar para matar todos os incendiários e atirar para mutilar os saqueadores?

RICHARD SCHULTZ: Protesto.

JUIZ HOFFMAN: Protesto mantido.

LEONARD WEINGLASS: Você considera uma obscenidade o governo dos Estados Unidos usar napalm no bombardeio de civis no Vietnã do Norte?

RICHARD SCHULTZ: O Sr. Weinglass não pode estar falando sério ao afirmar que essas questões são adequadas neste novo interrogatório.

LEONARD WEINGLASS: Essa talvez seja minha pergunta mais séria neste julgamento.

4 de dezembro de 1969

Fred Hampton era um líder dos Panteras Negras de Chicago que atuou como intermediário entre Bobby Seale e a defesa. Ele era um organizador de 21 anos, ex-líder jovem da NAACP e um estudante-

-atleta de destaque em uma escola secundária de subúrbio, uma pessoa que, segundo Tom Hayden: "Fazia todo mundo sorrir." Na madrugada de 4 de dezembro de 1970, quatorze policiais de Chicago invadiram o apartamento do Pantera e dispararam oitenta tiros. Hampton, encontrado nu na cama, foi baleado quatro vezes, duas na cabeça. Um segundo Pantera também foi morto: Mark Clark. O promotor do Condado de Cook, Edward Hanrahan, declarou que a polícia havia mostrado "bom senso, considerável moderação [e] disciplina profissional" na morte de Fred Hampton, mas, cinco meses depois, um grande júri federal não encontrou provas para a história dos policiais de que eles foram alvejados primeiro.

O assassinato de Fred Hampton pela polícia horrorizou os réus. Nas palavras de Tom Hayden, ao ouvir a notícia pela primeira vez: "Rolei no chão com as mãos na cabeça. Alguns dos funcionários que moravam no apartamento já estavam chorando."[6] Em seguida, eles foram ao tribunal.

O júri estava ausente.

WILLIAM KUNSTLER: Os réus pedem respeitosamente ao tribunal que o julgamento seja adiado hoje devido ao assassinato de Fred Hampton esta manhã por policiais aqui em Chicago. O pedido tem dois motivos: um, por respeito ao Sr. Hampton e seu amigo falecido, e dois, porque os réus...

JUIZ HOFFMAN: Pode esperar um minuto? Tenho que mandar um bilhete para alguém que está ao telefone. [pausa] Pode continuar.

WILLIAM KUNSTLER: Meritíssimo, fazemos isso por dois motivos: primeiro, por respeito ao Sr. Hampton, que era o presidente do comitê de Illinois do Partido dos Panteras Negras, e seu associado, Sr. Clark, e, segundo, por causa da reação emocional dos réus ao que todos nós, na bancada de defesa, consideramos ser um assassinato injustificado de um amigo de muitos de nós. Nossa opinião abalizada é que essa operação de busca de armas foi encenada a fim de provocar um tiroteio e o assassinato do Sr. Hampton, em particular, e de qualquer outro Pantera Negra que fosse encontrado.

JUIZ HOFFMAN: Por que uma coisa dessas deveria ser apresentada a mim?

WILLIAM KUNSTLER: Estamos requerendo...

JUIZ HOFFMAN: Os chamados Panteras Negras, sejam eles quem forem, uma organização com a qual não tenho familiaridade, exceto nas ocasiões em que o nome foi mencionado durante este julgamento, não fazem parte desta acusação.

WILLIAM KUNSTLER: O senhor pode até negar, mas acho que a maior parte do país sabe que isso é uma questão relevante neste caso. Mas esse não é o objetivo de meu pedido.

JUIZ HOFFMAN: Não lido com o país. Meu trabalho é neste tribunal, senhor. Ouço um caso e analiso as provas que vêm do banco das testemunhas e em forma documental, à medida que os documentos são admitidos nos autos.

WILLIAM KUNSTLER: O Sr. Hampton não apenas cooperou com os réus na preparação de nossa defesa, mas, como Vossa Excelência sabe, peticionamos para que ele entrevistasse Bobby Seale na prisão pouco antes do início deste caso, o que foi negado. Ele trabalhou conosco.

JUIZ HOFFMAN: Indefiro seu pedido, senhor. Não tenho nada a ver com essa organização neste caso.

WILLIAM KUNSTLER: Mas o senhor tem a ver com nossas sensibilidades, assim como temos com as suas.

JUIZ HOFFMAN: Indefiro seu pedido. A acusação pode chamar sua próxima testemunha, senhores.

A acusação então arguiu várias outras testemunhas.

Isso marcou o fim da apresentação do caso por parte da acusação.

8 de dezembro de 1969

WILLIAM KUNSTLER: Meritíssimo, os réus estão preparados para discutir o pedido de absolvição. É a alegação dos réus que a acusação não conseguiu provar um caso *prima facie* quanto a uma conspiração para violar qualquer um destes três dispositivos legais.

Os réus são acusados de uma conspiração para usar o livre-trânsito interestadual, suas instalações e os meios de transporte e comunicação com a intenção de incitar um tumulto e cometer atos de violência em conexão ou para promoção de tal tumulto, e para ajudar e encorajar pessoas a cometer atos de violência para promover o referido tumulto.

A acusação não conseguiu comprovar quaisquer atos da chamada conspiração que antecederam a chegada ou a permanência em Chicago no mês de agosto de 1968.

O que eles têm são meras reuniões, todas abertas. Esses réus, ou alguns deles, segundo as provas apresentadas no caso, estavam reunidos no Lincoln Park ou no Grant Park, discursando para milhares de pessoas.

A acusação comprovou apenas um aspecto na apresentação das suas provas, que o governo dos Estados Unidos está engajado, usando todos os meios necessários, em destruir a Primeira Emenda da Constituição deste país. A decisão de Vossa Excelência pela absolvição, deferindo nossa petição, será, creio eu, uma renovação da esperança em um caso que apresenta possibilidades e perigos tão onerosos para o direito de liberdade de expressão nos Estados Unidos.

THOMAS SCHULTZ: O Sr. Kunstler disse que a acusação não conseguiu provar o conluio. As reuniões apresentadas como provas demonstraram esse conluio. Antes e durante a convenção, os réus se reuniram e discutiram seus planos e suas ações.

JUIZ HOFFMAN: Neste momento, o tribunal deve, para efeitos da petição de absolvição apresentada, considerar a prova mais favorável ao Ministério Público. Indefiro os requerimentos orais dos respectivos réus, manifestados por meio de seus advogados, pela absolvição ante o encerramento do caso pela acusação. Esperamos que a defesa prossiga na apresentação de suas provas.

III.

O Caso da Defesa

Os sete réus concordaram que sua defesa deveria ir além da contestação dos fatos descritos na denúncia e, como Tom Hayden escreveu mais tarde, apresentar ao júri e ao país seu entendimento "do que estava acontecendo nos Estados Unidos que nos motivou a assumir uma posição em Chicago".¹ Além de argumentar que o julgamento foi uma tentativa do governo de desviar a atenção da guerra, eles desejavam reivindicar um "direito de resistência" norte-americano.

Os réus discordaram sobre a possibilidade de tentar conquistar alguns jurados com argumentos deliberados e racionais e, assim, acarretar um impasse do júri que evitaria vereditos de "culpado" e os manteria fora da prisão para continuar a organizar campanhas antiguerra — a posição de Hayden — ou para perturbar, desafiar e, assim, "dessantificar" o sistema judiciário para o grande público — a visão dos Yippies e de Dave Dellinger. Rennie Davis intermediou um meio-termo em que tanto a política antiguerra quanto o teatro da cultura jovem seriam apresentados — um total de 104 testemunhas de defesa que, juntas, personificariam a história dos anos 1960.

A primeira testemunha convocada pela defesa foi Edward James Sparling, fundador da Citizens Commission para estudar a violên-

cia em torno da marcha pela paz em Chicago, ocorrida em 27 de abril de 1968. William Kunstler pediu que o relatório da comissão, "Dissidência e Desordem", fosse admitido como evidência.

Equipe de defesa

WILLIAM KUNSTLER: A razão disso, Meritíssimo, é que o documento chegou ao conhecimento dos réus e indicava que a polícia foi brutal ao lidar com os manifestantes em 27 de abril de 1968. Se isso é verdade ou não, é irrelevante. Eles então fizeram os preparativos necessários para disponibilizar ajuda médica e capacetes e itens semelhantes — e o uso de vaselina contra o gás de pimenta, que o relatório descobriu ter sido usado pela polícia em manifestantes. O objetivo disso, é claro, é mostrar a razão ou a motivação dos réus em utilizar certas táticas de defesa na preparação para a marcha de agosto. Eles falaram sobre o uso de capacetes e itens semelhantes, o que, se interpretado de forma equivocada, pode parecer que estavam lá para atacar ao invés de se defender, mas, se foram influenciados pelo relatório, fica clara a motivação de tomar essas medidas defensivas. Portanto, apresentar o documento não por sua veracidade, mas para demonstrar a influência que teve sobre os réus, seria vital para a defesa.

O juiz Hoffman decidiu contra a admissão do relatório.

WILLIAM KUNSTLER: Meritíssimo, não teremos permissão para que esta testemunha apresente o relatório?

JUIZ HOFFMAN: Essa é minha decisão.

11 de dezembro de 1969

Testemunha da defesa Phil Ochs, cantor/compositor de protesto

Phil Ochs (1940–1976) escreveu e cantou canções sobre guerra, direitos civis, lutas trabalhistas e outros assuntos da época. Ficou mais conhecido por "Love Me, I'm a Liberal" e "I Ain't Marchin' Anymore" (ambas de 1965). Nos protestos da convenção de Chicago, ele se apresentou na "Festa de Desaniversário para Lyndon Johnson", que aconteceu no Coliseu de Chicago na terça-feira, 27 de agosto.

THOMAS FORAN: Meritíssimo, podemos nos referir aos réus pelos seus nomes completos para que tenhamos uma identificação adequada na ata de julgamento?

JUIZ HOFFMAN: Sim.

WILLIAM KUNSTLER: Acho que o Sr. Hoffman abandonou seu sobrenome.

JUIZ HOFFMAN: O que você disse?

WILLIAM KUNSTLER: Acho que o Sr. Hoffman abandonou seu sobrenome como um protesto contra este juízo.

JUIZ HOFFMAN: Ele terá que fazer isso legalmente. Aqui ele é denunciado como Abbie Hoffman. Sei que ele declarou isso no tribunal, Sr. Kunstler, mas simples palavras não têm o poder de despojá-lo de um sobrenome.

WILLIAM KUNSTLER: Eu sei, mas legalmente, Meritíssimo, não existe nenhuma exigência de que haja uma mudança formal de nome. Uma pessoa pode simplesmente abandonar seu sobrenome.

JUIZ HOFFMAN: Isso não é um problema aqui. Não compartilho da sua opinião sobre isso, mas vou pedir que você se refira aos seus clientes pelo nome e sobrenome.

WILLIAM KUNSTLER: Tudo bem, reformularei a pergunta, retifico a menção a Abbie e Jerry para Abbie Hoffman e Jerry Rubin.

JUIZ HOFFMAN: Noto que o réu Rubin está apontando o dedo.

LEE WEINER: Não.

JUIZ HOFFMAN: Réu Weiner. Eu disse seu nome certo dessa vez, não?

LEE WEINER: Obrigado.

JUIZ HOFFMAN: Chega disso, senhor.

WILLIAM KUNSTLER: Meritíssimo, acho que também deve constar nos autos que, durante as últimas conversas, houve risos no recinto, inclusive por parte deste juízo [*ou seja, juiz Hoffman*].

JUIZ HOFFMAN: A risada não tem nada a ver com o que eu estava falando.

WILLIAM KUNSTLER: Temos muitos réus aqui que foram acusados de rir.

P: [*para Phil Ochs*] Você poderia se levantar e cantar para o júri a música que o público ouviu naquele dia?

RICHARD SCHULTZ: Se me permite, Excelência, este é um julgamento no tribunal distrital federal. Não é um teatro. O júri está em isolamento. Não queremos nos estender. Não temos que sentar e ouvir a testemunha cantar. Vamos continuar com o julgamento.

WILLIAM KUNSTLER: Meritíssimo, essa é definitivamente uma questão relevante no caso. Jerry Rubin pediu que uma música específica fosse cantada.

JUIZ HOFFMAN: E a testemunha declarou que cantou.

WILLIAM KUNSTLER: Certo. Mas a questão é que houve um depoimento neste tribunal de que, durante aquele dia, Jerry Rubin fez um discurso inflamado a um grupo de pessoas na plateia, uma das ações apresentadas pela acusação ao júri. O que ele pediu à testemunha para cantar e o que cantou para o público naquele dia demonstram sua intenção e refletem o ânimo da multidão.

JUIZ HOFFMAN: Protesto mantido.

WILLIAM KUNSTLER: Sr. Ochs, peço-lhe então que recite ao júri as palavras que cantou para o público naquele dia.

PHIL OCHS: As palavras? Ok.

É sempre o velho que nos leva às guerras;

É sempre o jovem que cai.

Agora veja tudo o que ganhamos com o sabre e a arma.

Diga-me, vale a pena?

Agora, os líderes trabalhistas gritam quando fecham uma fábrica de mísseis; a United Fruit grita na costa cubana.

Chame isso de paz ou chame de traição,

Chame de amor ou chame de razão,

Mas eu não vou mais marchar.

Não, eu não vou mais marchar.

Arguição pela acusação

RICHARD SCHULTZ: Em seus planos para Chicago, vocês planejaram fornicação pública no parque?

PHIL OCHS: Eu não pratiquei.

P: Não, estou falando sobre seus planos. Em suas conversas com Rubin ou Hoffman, vocês planejaram fornicação pública no parque?

R: Isso pode ter sido uma frase solta. Quer dizer, não, nós não nos sentamos e planejamos seriamente fornicação pública no parque.

P: E nessas conversas vocês... Quando digo a palavra "vocês", quero dizer quem participava das discussões... Nas conversas vocês planejaram ficar nus nas margens do Lago Michigan?

R: Acho que isso foi mencionado.

P: Nessas mesmas conversas, vocês discutiram pintura corporal?

R: Acho que isso foi mencionado.

RICHARD SCHULTZ: Ele estava segurando uma risada. Acho que me julgou muito ignorante e riu de mim ou eu disse algo que o divertiu. Queria saber o que foi.

WILLIAM KUNSTLER: O Sr. Ochs é um homem muito gentil, Sr. Schultz, e não vai rir da sua cara.

Testemunha da defesa Allen Ginsberg, poeta

Allen Ginsberg (1926–1997), um dos fundadores do movimento Beat, foi um poeta mundialmente famoso, estudioso e professor de religião oriental. Nos protestos da convenção, ele falou no comício do Mobe realizado na concha acústica do Grant Park na quarta--feira, 28 de agosto. Era abertamente gay — o que o Ministério Público fez questão de enfatizar em sua arguição. Ginsberg era um dos mais velhos do movimento: em 1968, tinha 42 anos.

LEONARD WEINGLASS: Você poderia esclarecer em que consistia sua área de estudos?

ALLEN GINSBERG: Mantra Yoga, exercícios de meditação, entoação de cânticos e sentar-se tranquilamente, silenciar a mente e praticar exercícios de respiração para acalmar o corpo e a mente, mas principalmente um ramo chamado Mantra Yoga, que é um yoga que envolve oração e canto.

Allen Ginsberg

P: Vamos falar de fevereiro de 1968. Naquele mês, você se encontrou com Abbie Hoffman?

R: Sim.

P: Você se lembra do que o Sr. Hoffman falou no decorrer dessa conversa?

R: Sobre os Yippies — entre outras coisas. Ele disse que a política se tornou teatro e magia; que era a manipulação da imagem por meio da mídia de massa a responsável por confundir e hipnotizar o povo norte-americano, fazendo-o aceitar uma guerra na qual realmente não acreditava; que as pessoas tinham um estilo de vida intolerável para os mais jovens, que envolvia brutalidade e violência policial, bem como uma violência maior no Vietnã; e que nós poderíamos nos reunir em Chicago e convidar professores que apresentariam ideias diferentes sobre o que há de errado com o planeta, sobre possíveis ações para resolver a crise da poluição e a Guerra do Vietnã, ideias diferentes para tornar a sociedade mais sagrada e menos comercial, menos materialista, ideias sobre o que poderíamos fazer para melhorar ou sair da armadilha em que caímos à medida que a população crescia e a política se tornava cada vez mais violenta e caótica.

P: Você poderia explicar sua declaração?

R: Minha declaração foi que o planeta Terra está ameaçado pela violência, superpopulação, poluição e destruição ecológica provocada por nossa própria ganância; que as crianças nos Estados Unidos e em outros países podem não sobreviver nos próximos trinta anos; que vivemos uma crise planetária que não foi reconhecida por nenhum governo do mundo. Os políticos mais velhos e mais egoístas não pensaram no que seus filhos precisariam nas gerações futuras, nem na geração imediatamente seguinte ou mesmo para as próprias vidas e continuaram a ameaçar o planeta com violência, guerra, assassinato em massa, guerra biológica. O desejo de preservação do planeta, de nossa existência, de continuarmos habitando este planeta em vez de destruí-lo, foi manifestado em minha mente pelo grande Mantra indiano ao Deus da preservação Vishnu, cujo Mantra é Hare Krishna, e então eu cantei esse mantra por dez minutos para as câmeras de televisão: "Hare Krishna, Hare Krishna, Krishna, Krishna, Hare, Hare; Hare Rama, Hare Rama, Rama, Rama, Hare, Hare."

WILLIAM KUNSTLER: Meritíssimo, protesto contra as risadas deste juízo [*ou seja, juiz Hoffman*]. Acho que esta é uma apresentação séria de um conceito religioso.

JUIZ HOFFMAN: Eu não a entendo. Não a entendo, pois o idioma do tribunal distrital dos Estados Unidos é o inglês.

WILLIAM KUNSTLER: Eu sei, mas o senhor não ri de todos os idiomas.

ALLEN GINSBERG: Eu ficaria feliz em explicar o significado, senhor.

JUIZ HOFFMAN: Eu não ri. Não ri.

ALLEN GINSBERG: Eu ficaria feliz em explicar.

JUIZ HOFFMAN: Não ri de jeito nenhum. Eu gostaria de poder dizer como me sinto. Rir, eu nem sorri.

A acusação pediu um recesso antecipado para o almoço, e o juiz Hoffman concordou.

12 de dezembro de 1969

Allen Ginsberg falou sobre uma reunião de 24 de agosto de 1968.

LEONARD WEINGLASS: Você ouviu o réu Jerry Rubin dizer alguma coisa nessa reunião?

ALLEN GINSBERG: Jerry Rubin disse que não achava que a polícia atacaria os jovens que estavam no parque à noite se houvesse jovens o suficiente lá, que ele não achava que seria uma boa brigar pelo parque se os policiais começassem a atacar os jovens, se eles agredissem e tentassem expulsá-los do parque como anunciaram que fariam às 23h; que, se dependesse dele, ele sairia do parque às 21h e não encorajaria ninguém a brigar e se machucar naquela noite caso a polícia tentasse remover todos à força. Isso foi na noite de sábado, a primeira noite que as pessoas passariam no parque.

P: O réu Abbie Hoffman disse alguma coisa nessa reunião?

R: Abbie Hoffman disse que não valia a pena lutar pelo parque, que tínhamos, sob nossa responsabilidade, convidado milhares de jovens a Chicago para um alegre festival da vida, para uma proposta alternativa ao festival da morte que os políticos estavam organizando, e que não era certo liderá-los ou encorajá-los a entrar em uma discussão violenta com a polícia para passar a noite no parque. Ele não sabia, ele afirmou que não sabia o que dizer para quem queria ficar e lutar pelo que acreditava ser sua liberdade, mas que não encorajaria ninguém a lutar e que sairia quando fosse obrigado.

P: Você se lembra do que ocorreu às 22h30 [no Lincoln Park em 24 de agosto], se é que ocorreu alguma coisa?

R: Havia milhares de jovens reunidos, esperando, tarde da noite. Estava escuro. Havia algumas fogueiras queimando em latas de lixo. Todo mundo estava parado sem saber o que fazer. Houve uma explosão repentina de luzes no centro do parque e um grupo de policiais avançou rapidamente para onde estavam as fogueiras e as chutou.

P: E o que...

R: Houve muita consternação, correria e gritaria entre a multidão no parque e me virei, surpreso, porque era cedo.

P: Sem contar o que disse a outra pessoa, Sr. Ginsberg, o que você fez quando viu a polícia fazer isso?

R: Comecei a entoar: Oommmmmm. Oommmmmm.

THOMAS FORAN: Tudo bem, já tivemos uma demonstração.

JUIZ HOFFMAN: Certo.

THOMAS FORAN: Daqui em diante, eu protesto.

JUIZ HOFFMAN: O senhor não disse que protestou.

THOMAS FORAN: Protesto depois da segunda entoação.

JUIZ HOFFMAN: Depois de duas? Protesto mantido.

LEONARD WEINGLASS: Terminou sua resposta?

ALLEN GINSBERG: Tenho medo de desacatar o tribunal se continuar a entoar o Om.

Ginsberg foi questionado sobre os eventos do dia seguinte, 25 de agosto.

P: O que você fez quando viu os policiais no meio da multidão?

R: Tive uma descarga de adrenalina. Sentei-me em uma colina verde com um grupo de jovens que caminhou comigo por volta das 15h30, 16h, sentei, cruzei as pernas e comecei a entoar Ooommm, Oommm, Oommm, Oommm. E continuei entoando por sete horas.

JUIZ HOFFMAN: Eu queria saber qual foi sua resposta. Você disse que continuou entoando por sete horas?

ALLEN GINSBERG: Sete horas, sim.

A arguição então passou a tratar da noite de 27 de agosto.

LEONARD WEINGLASS: Quando você saiu do Coliseu, para onde foi, se é que foi a algum lugar?

R: O grupo com o qual eu estava, Sr. Genet, Sr. Burroughs, Sr. Seaver e Terry Southern, voltou para o Lincoln Park.

P: Que horas você chegou ao parque?

R: 23h, 23h30.

P: O que estava acontecendo no parque quando chegou lá?

R: Havia uma grande multidão se alinhando nos arredores do parque e um pouco mais para dentro, pelas trilhas internas, e havia uma multidão maior se movendo em direção ao centro. Todos nos deslocamos para o centro e lá havia um grupo de sacerdotes e rabinos que ergueu uma grande cruz de cerca de três metros de altura no meio de um círculo de pessoas sentadas em silêncio, ouvindo os sacerdotes conduzirem uma cerimônia.

P: E quando viu as pessoas com a cruz e a cruz sofrendo ataques de gás lacrimogêneo, o que você fez?

R: Me virei para Burroughs e disse: "Eles lançaram gás na cruz de Cristo."

THOMAS FORAN: Protesto, por favor. Peço que a resposta seja retirada dos autos.

JUIZ HOFFMAN: Protesto mantido.

Em seguida, Ginsberg foi questionado sobre a marcha de 28 de agosto.

LEONARD WEINGLASS: Como você estava andando?

ALLEN GINSBERG: Lentamente.

P: Seus braços...

R: Nossos braços estavam entrelaçados e carregávamos flores.

P: Depois de caminhar vários quarteirões, o que aconteceu?

R: Paramos em frente a um grande pelotão de pessoas uniformizadas e armadas que bloqueavam nosso caminho, gente com metralhadora, jipes, creio que eram policiais, e o que me pareciam soldados ao nosso lado e à nossa frente.

P: E o que aconteceu nesse momento?

R: O Sr. Dellinger... a marcha parou e esperamos, sem saber bem o que fazer. Eu ouvi... o tempo todo ouvi Dave Dellinger dizer: "Esta é uma marcha pacífica. Todos aqueles que desejam participar de uma marcha pela paz, por favor, juntem-se a nós. Todos aqueles que não são pacíficos, por favor, vão embora e não se juntem à marcha."

WILLIAM KUNSTLER: Meritíssimo, dois dias atrás, pedimos cinco minutos perante o júri e o senhor se recusou a nos conceder.

JUIZ HOFFMAN: O senhor terá que parar com esse tom desrespeitoso.

WILLIAM KUNSTLER: Não é desrespeito, isso é um tom de raiva, Meritíssimo.

JUIZ HOFFMAN: Sim, é sim. Vou aceitar o pedido da acusação.

WILLIAM KUNSTLER: O senhor nos negou cinco minutos outro dia.

JUIZ HOFFMAN: O senhor está gritando com o magistrado.

WILLIAM KUNSTLER: Ah, Meritíssimo...

ALLEN GINSBERG: Oommmmmmm.

JUIZ HOFFMAN: Poderia descer do banco das testemunhas?

WILLIAM KUNSTLER: Ele estava apenas tentando nos acalmar, Meritíssimo.

JUIZ HOFFMAN: Ah, não. Eu não precisava me acalmar. Já chega.

Arguição pela acusação

THOMAS FORAN: Quando foi ao Coliseu e encontrou Abbie Hoffman, você disse que quando o encontrou o beijou?

ALLEN GINSBERG: Sim.

P: Ele é seu amigo íntimo?

R: Eu me senti muito íntimo dele. Vi que estava se esforçando para transmitir uma linda mensagem e me senti muito bem com ele.

P: E você o considera seu amigo íntimo?

R: Não nos vemos com frequência, mas já nos encontramos e trabalhamos juntos com frequência suficiente para me sentir íntimo dele, sim.

P: Gostaria que analisasse a página 32 da referida prova. Há um poema chamado "O Pecado Noturno"?[i]

R.: Sim.

P: Quando você olha para essa página, Sr. Ginsberg, ela refresca sua lembrança sobre o poema?

R: Sim. Eu o escrevi em 1950. Isso foi há dezenove anos. Ainda parece bom.

P: Depois de refrescar sua memória, Sr. Ginsberg, poderia recitar esse poema para o júri?

R.: Sim.

---

i "The Night-Apple", no original. [N. da T.]

O Pecado Noturno.

Noite passada eu sonhei
com quem eu amei
por sete longos anos,
mas não vi um rosto,
apenas uma presença
familiar de um corpo;
olhos, pele suada
fezes, urina, esperma
e saliva tudo em um só
odor e sabor mortal.

P: Você poderia explicar ao júri qual é o significado religioso desse poema?

R: Se o senhor considera um sonho erótico uma experiência religiosa... É a descrição de um sonho erótico, senhor.

P: Você também escreveu um livro de poemas chamado *Reality Sandwiches*,[ii] não é?

R.: Sim.

P: Lá, há um poema chamado "Poema de Amor sobre um Tema de Whitman".[iii] Poderia recitá-lo para o júri?

R: "Poema de Amor Sobre um Tema de Whitman", Walt Whitman é um famoso poeta e profeta nacional. O poema começa com a frase de Walt Whitman:

[iii] "Love Poem on Theme by Whitman", no original. [N. da T.]

Entrarei silencioso no quarto e me deitarei entre noivo e
   noiva,
Corpos caídos dos céus à espera, nus e inquietos,
Os braços pousados sobre seus olhos na escuridão,
Enterro meu rosto em seus ombros e seios, respirando sua
   pele
E acaricio e beijo a nuca e a boca e exibo seu traseiro,
Pernas para o alto, arqueadas para receber, o pau na
   escuridão que atormenta e ataca,
Excitado, do buraco à cabeça ardente,
Os corpos nus e trêmulos entrelaçados, lábios incandescentes
   e nádegas enroscadas
E os olhos, olhos que cintilam e encantam, se abrem em
   olhares e abandono

P: Você poderia explicar o significado religioso desse poema?

R: Como parte de nossa natureza, temos muitos amores, muitos dos quais são negados, muitos dos quais negamos a nós mesmos. Whitman afirmava que recuperar esses amores e tomar consciência desses amores era a única maneira que esta nação teria para se salvar e se tornar uma república democrática e espiritual. Walt Whitman é um de meus professores espirituais e eu o sigo nesse poema, partindo de uma frase dele e projetando meu próprio sentimento inconsciente do qual não me envergonho, senhor, que considero muito encantador, na realidade.

JUIZ HOFFMAN: Eu não ouvi a última palavra.

ALLEN GINSBERG: Encantador.

THOMAS FORAN: Não tenho mais perguntas.

Foran voltou à bancada da acusação e disse a Richard Schultz em voz alta: "Maldito viado."[2]

15 de dezembro de 1969

Testemunha da defesa Dick Gregory, comediante e ativista político

Dick Gregory (1932–) é um escritor satírico e comediante de stand-up cuja ênfase nos temas da negritude transformou a comédia a partir de 1962. Com o desenrolar dos acontecimentos ao longo da década de 1960, ele dedicou mais tempo ao ativismo político e antiguerra. Em 1966, concorreu à prefeitura de Chicago contra Richard J. Daley e, em 1968, concorreu à presidência como candidato pelo Partido da Liberdade e da Paz e recebeu 1,5 milhão de votos. No protesto da convenção de Chicago, ele discursou no comício do Mobe realizado no Grant Park na quarta-feira, 28 de agosto.

WILLIAM KUNSTLER: Você viu Abbie Hoffman naquele dia?

DICK GREGORY: Sim.

P: E poderia descrever para o júri onde o viu e o que ele estava fazendo?

R: Na 18th Street, embaixo ou bem em frente do que acredito que era um tanque.

JUIZ HOFFMAN [*sem a presença do júri*]: Um dos réus de quem todos nós nos lembramos, creio eu — ele não está mais aqui —, me acusou de ser um racista sem qualquer base fática.

WILLIAM KUNSTLER: Ele disse que, se Vossa Excelência não permitisse que ele atuasse como seu próprio advogado, o senhor...

JUIZ HOFFMAN: Eu gostaria que esta testemunha muito gentil [*Dick Gregory*] soubesse que não sou, e que já ri e me diverti muito com seu trabalho.

WILLIAM KUNSTLER: Meritíssimo, os brancos riem dos negros como artistas há muito tempo.

JUIZ HOFFMAN: Quero que ele saiba que fui o primeiro juiz do Norte a determinar a dessegregação das escolas. Mas isso não vem ao caso. Este caso não trata de racismo.

Arguição pela acusação

P: Você disse que ele estava com o dedo levantado. O que ele estava fazendo?

R: Assim [*demonstrando*].

P: Com o dedo médio apontando para cima?

R: Sim.

Mais tarde no mesmo dia.

WILLIAM KUNSTLER: Meritíssimo, o que está acontecendo? Os oficiais estão retirando as pessoas do recinto.

UM ESPECTADOR: Por que não tira todo mundo?

JUIZ HOFFMAN: Você poderia...

DAVE DELLINGER: Veja, nós estamos interessados na verdade, mas o senhor e o Ministério Público não estão e esse é o conflito aqui.

RICHARD SCHULTZ: Meritíssimo, essa tática de cada hora um se levantar e intervir, essa perturbação, cada vez maior, está se tornando bastante evidente e peço a Vossa Excelência que ordene que...

ABBIE HOFFMAN: Por que você não chama a Guarda Nacional?

16 de dezembro de 1969

Testemunha da defesa Linda Morse, Fifth Avenue Peace Parade Committee

Linda Morse foi uma ex-pacifista e organizadora antiguerra que admitiu que agora estava se preparando para uma revolução violenta. Alguns consideraram suas declarações francas um desastre para a defesa, mas outros acharam que ela fez um trabalho impressionante ao explicar o que muitos dos réus queriam dizer com "revolução". A maior parte desse depoimento ocorreu em uma animada arguição por Richard Schultz.

LINDA MORSE: O governo dos Estados Unidos perdeu sua credibilidade; há conflitos acontecendo hoje nas cidades deste país. No People's Park, em Berkeley, os policiais atiraram em pessoas desarmadas, estávamos lutando, se assim entenderem, com pedras; eles usaram escopetas duplas, rifles e pistolas contra manifestantes desarmados. Isso é ir para a batalha, está bem? Há conflitos acontecendo nos Estados Unidos agora. As pessoas estão lutando para reconquistar sua liberdade, lutando para reconquistar seus direitos, lutando por uma sociedade totalmente diferente, pessoas da comunidade negra, pessoas da comunidade porto-riquenha, pessoas da comunidade mexicano-americana e pessoas da comunidade branca. Elas estão lutando por meio da política e se defendendo.

RICHARD SCHULTZ: Meritíssimo, isso não responde à minha pergunta.

WILLIAM KUNSTLER: Meritíssimo, são temas de alta carga política e ela está tentando dar uma resposta política a uma questão política.

JUIZ HOFFMAN: Até onde sei este não é um caso político.

WILLIAM KUNSTLER: Bem, Meritíssimo, até onde alguns de nós sabemos este é um caso bastante político.

JUIZ HOFFMAN: É um caso criminal. Há uma denúncia aqui. Estou com ela bem aqui. Não posso tratar de política aqui neste tribunal.

WILLIAM KUNSTLER: Meritíssimo, Jesus também foi acusado de um crime, e entendemos realmente que não foi de fato um caso criminal, mas apenas um caso…

JUIZ HOFFMAN: Eu não vivia naquela época. Não sei. Algumas pessoas pensam que sou antigo assim, mas não sou.

WILLIAM KUNSTLER: Bem, presumo que Vossa Excelência tenha lido sobre o incidente.

RICHARD SCHULTZ: [*para Linda Morse*] Quanto mais você percebe que nosso sistema está doente, mais você quer destruí-lo pedacinho por pedacinho, não é?

LINDA MORSE: Quanto mais vejo os horrores que são perpetrados por este governo; quanto mais leio sobre fatos como trens de tropas cheios de agente nervoso viajando pelo país, com o perigo de um acidente matar milhares e milhares de pessoas; quanto mais vejo as empresas simplesmente despejando resíduos em lagos e rios e destruindo tudo; quanto mais vejo os campos de petróleo no oceano ao largo da costa de Santa Barba, onde o secretário do Interior e as empresas petrolíferas se reuniram e concordaram em continuar produzindo petróleo nas plataformas em alto-mar que destruíram toda uma área da costa; quanto mais vejo um sistema educacional que ensina os negros, os porto-riquenhos e os mexicano-americanos que eles só servem para ser empregados domésticos e lavadores de prato, se tanto; quanto mais vejo um sistema que ensina brancos de classe média como eu que devemos ser cérebros tecnológicos para continuar a produzir material para guerras químicas e biológicas, para continuar trabalhando em computadores e coisas desse tipo a fim de aprender como matar melhor as pessoas, aprender como controlar melhor as pessoas, sim, mais eu quero ver este sistema derrubado e substituído por um totalmente diferente — um que se preocupe com a aprendizagem das pessoas; que se preocupe com o desjejum das crianças antes de irem para a escola; que se preocupe com as pessoas aprendendo coisas reais na escola; que se preocupe com o acesso gratuito ao estudo universitário; que se preocupe com a possibilidade de as pessoas desfrutarem vidas adultas responsáveis e realizadas, não apenas um trabalho enfadonho dia após dia; que dê às pessoas a chance de se expressar artística, política, religiosa e filosoficamente. Esse é o tipo de sistema que desejo ver em seu lugar.

WILLIAM KUNSTLER: Srta. Morse, eu gostaria de ler um trecho da Declaração de Independência, a qual espero que o tribunal aceite como prova em virtude de sua notória veracidade, e depois fazer-lhe uma pergunta a respeito.

RICHARD SCHULTZ: Protesto contra a leitura da Declaração de Independência.

JUIZ HOFFMAN: Não consigo pensar em nada no interrogatório que torne a Declaração da Independência relevante para a arguição da testemunha.

WILLIAM KUNSTLER: Mas, Meritíssimo, a arguição enveredou-se por toda a filosofia da Srta. Morse em relação à mudança do governo, à mudança na forma como a sociedade existe, e, uma vez que a Declaração contém afirmações relevantes sobre essa questão, eu gostaria de lê-las para ela e ouvir seus comentários.

JUIZ HOFFMAN: Não permitirei que leia a Declaração da Independência. Protesto mantido.

WILLIAM KUNSTLER: A propósito, quantos anos a senhorita tem?

LINDA MORSE: Apenas 26 anos.

19 de dezembro de 1969

Testemunha da defesa Dr. Timothy Leary, ex-professor de psicologia de Harvard e defensor do LSD

Timothy Leary (1920–1996) tornou-se o defensor mais proeminente da "experiência psicodélica", tratada em seu livro de 1964 com esse título. Em 1963, ele foi demitido de seu cargo de professor em Harvard por causa de seus experimentos com drogas. Cunhou o slogan "Conecte-se, sintonize-se, caia fora". Ele não foi a Chicago para os protestos na convenção. Leary foi inquirido sobre a reunião de janeiro de 1968, quando os Yippies foram fundados.

WILLIAM KUNSTLER: Dr. Leary, nos conte o que as pessoas disseram.

TIMOTHY LEARY: Sim. O Sr. Hoffman continuou a dizer que deveríamos organizar uma série de reuniões políticas em todo o país, não apenas para o verão que se aproximava, mas para os anos seguintes. O Sr. Hoffman sugeriu que realizássemos festivais em que milhares de jovens e amantes da liberdade em todo o país pudessem se reunir nas tardes de domingo, ouvir música que representasse o novo ponto de vista, a música da paz, do amor e da harmonia, e tentar trazer uma mudança política neste país, não violenta, nas mentes e nos corações das pessoas — esse era o conceito dos festivais de paz e amor que o Sr. Hoffman estava nos encorajando a organizar e essa foi a primeira vez que a vinda a Chicago foi mencionada.

Leary foi arguido sobre uma reunião de abril de 1968.

TIMOTHY LEARY: Naquela ocasião, Jerry Rubin destacou que Robert Kennedy ainda estava vivo e, como muitos de nós sentíamos que ele representava as aspirações dos jovens, pensamos em esperar. Lembro-me do Sr. Rubin dizendo: "Vamos esperar para ver o que Robert Kennedy vai dizer sobre a paz. Vamos esperar para ver se ele comove os jovens e se procura representar os sentimentos pacíficos, alegres e eróticos dos jovens."

JUIZ HOFFMAN: "Eróticos", você disse?

TIMOTHY LEARY: Eróticos.

JUIZ HOFFMAN: Eróticos?

TIMOTHY LEARY: Eros. Significa amor, Meritíssimo.

JUIZ HOFFMAN: Eu sei, eu sei. Só queria ter certeza de que não entendi errado.

22 de dezembro de 1969

Testemunha da defesa Paul Sequeira, fotógrafo do *Chicago Daily News*

Arguição pela acusação

RICHARD SCHULTZ: O senhor ouviu alguém, algum dos manifestantes, gritando: "Porco, fascista, FDP" e outros palavrões?

PAUL SEQUEIRA: Neste momento específico?

P: Na época em que estava no esquadrão.

R: Não, senhor, não me lembro.

WILLIAM KUNSTLER: Meritíssimo, protesto contra a caracterização de "fascista" como palavrão. Ele agrupou muitas coisas distintas. Não acho que "porco" seja palavrão. Ele disse "e outros palavrões".

JUIZ HOFFMAN: Ele disse "FDP" e outros palavrões.

WILLIAM KUNSTLER: Não, ele disse "porco, fascista"...

JUIZ HOFFMAN: "FDP e outros palavrões."

WILLIAM KUNSTLER: Certo, mas não tenho certeza se "porco" ou "fascista" é palavrão.

JUIZ HOFFMAN: Bem, não sei. Passamos por uma longa batalha sobre...

WILLIAM KUNSTLER: Fascista tem um significado definido.

JUIZ HOFFMAN: Chamar um homem de fascista é uma coisa muito séria.

WILLIAM KUNSTLER: Mas pode ser verdade.

JUIZ HOFFMAN: O que disse?

WILLIAM KUNSTLER: Mas pode ser verdade.

RICHARD SCHULTZ: Não acho o Sr. Kunstler muito engraçado. Ele está tentando ser cômico.

JUIZ HOFFMAN: Ah, ele está tentando ser engraçado? Achei que ele estava apresentando um argumento legal.

WILLIAM KUNSTLER: Estou argumentando. O Sr. Schultz está categorizando e não vou discutir sobre seus sentimentos.

RICHARD SCHULTZ: É evidente que o Meritíssimo estava se referindo a ter sido chamado de fascista e o Sr. Kunstler disse que pode ser verdade.

WILLIAM KUNSTLER: Eu não estava me referindo a isso de forma alguma. Eu estava dizendo que a palavra "fascista"...

JUIZ HOFFMAN: Ah, já fui chamado de coisa pior. Nós cuidaremos disso. Não tenho certeza, mas a palavra "fascista" como tem sido usada em certas ocasiões não é pior do que palavrões.

WILLIAM KUNSTLER: Meritíssimo, essa palavra é usada em muitos contextos todos os dias. É usada no jornal de uma forma ou de outra. É a isso que estou me referindo.

JUIZ HOFFMAN: Não todos os dias. Leio os jornais todos os dias. Não me lembro de ter visto a palavra "fascista" nos jornais, exceto em relação a este julgamento.

WILLIAM KUNSTLER: Então recomendo que Vossa Excelência leia o *New York Times* de hoje.

JUIZ HOFFMAN: O que você disse?

WILLIAM KUNSTLER: Chamo a atenção de Vossa Excelência para o *New York Times* de hoje.

JUIZ HOFFMAN: Sou chamado de fascista nesse jornal?

WILLIAM KUNSTLER: Não, Meritíssimo. Nem toda vez que a palavra "fascista" é usada significa necessariamente o juiz Julius Hoffman.

JUIZ HOFFMAN: Bem, isso é reconfortante. É muito reconfortante.

23 de dezembro de 1969

A defesa decidiu ouvir o depoimento de apenas dois dos sete réus, para que falassem em nome dos outros. Abbie Hoffman foi o primeiro, inquirido por Leonard Weinglass.

LEONARD WEINGLASS: Você poderia se identificar para registro em ata?

ABBIE HOFFMAN: Meu nome é Abbie. Sou um órfão dos Estados Unidos.

P: Onde você mora?

R: Eu moro na Nação Woodstock.

P: O senhor dirá ao juízo e ao júri onde fica?

R: Sim. É uma nação de jovens alienados. É algo que levamos conosco como um estado de espírito, da mesma forma que os índios sioux carregam a nação sioux com eles. É uma nação dedicada à cooperação versus competição, à ideia de que as pessoas deveriam ter melhores meios de troca do que propriedades ou dinheiro, que deveria haver alguma outra base para a interação humana. É uma nação dedicada a...

JUIZ HOFFMAN: Com licença, senhor. Leia a pergunta para o depoente, por favor.

A pergunta foi lida pela escrivã do tribunal.

JUIZ HOFFMAN: Apenas onde fica, só isso.

Abbie Hoffman

ABBIE HOFFMAN: Fica em minha mente e na mente de meus irmãos e irmãs. Nós a carregamos conosco da mesma forma que os índios sioux carregam a nação sioux. Não consiste em propriedade ou bens materiais, mas em ideias e certos valores, sendo esses valores cooperação versus competição, a crença de que uma sociedade...

RICHARD SCHULTZ: Isso não responde onde fica a Nação Woodstock, seja lá o que isso for.

LEONARD WEINGLASS: Meritíssimo, o depoente identificou a Nação Woodstock como um estado de espírito e ele tem, creio eu, o direito de definir esse estado de espírito.

JUIZ HOFFMAN: Não, queremos o local de residência, se ele tiver um, o local de trabalho, se tiver um, ou ambos, se desejar informar os dois. Um endereço será suficiente. Nada sobre filosofia ou Índia, senhor. Apenas onde mora, se tiver um lugar para morar. Você disse Woodstock. Em que estado fica Woodstock?

ABBIE HOFFMAN: Está no estado de espírito, na minha mente e na mente de meus irmãos e irmãs. É uma conspiração.

P: Pode dizer ao tribunal e ao júri sua idade atual?

R: Tenho 33 anos. Sou um filho dos anos 1960.

P: Quando nasceu?

R: Psicologicamente, 1960.

RICHARD SCHULTZ: Protesto, Excelência, por favor, proponho que a resposta seja apagada.

LEONARD WEINGLASS: Qual é a data real de seu nascimento?

R: 30 de novembro de 1936.

P: Entre a data de seu nascimento, 30 de novembro de 1936, e 1º de maio de 1960, o que aconteceu em sua vida, se é que aconteceu algo?

R: Nada. Acredito que isso se chama educação norte-americana.

Weinglass perguntou sobre os planos dos Yippies de "exorcizar o Pentágono" em uma manifestação em 1967.

LEONARD WEINGLASS: No dia do exorcismo do Pentágono, havia algum plano para que o edifício fosse erguido do chão?

ABBIE HOFFMAN: Sim. Quando fomos presos, eles nos perguntaram o que estávamos fazendo. Explicamos que estávamos medindo o Pentágono e queríamos uma autorização para suspendê-lo a cem metros de altura, e eles disseram: "Que tal trezentos?" Então respondemos "OK". E eles nos expulsaram do Pentágono, e voltamos para Nova York e fizemos uma coletiva de imprensa, contando a eles do que se tratava.

LEONARD WEINGLASS: Meritíssimo, fico feliz em ver que o Sr. Schultz finalmente admite que coisas como levitar o prédio do Pentágono, colocar LSD na água, 10 mil pessoas andando nuas no Lago Michigan, uma tentativa de suborno de US$200 mil não passaram de brincadeira. Estou disposto a admitir esse fato, que foi tudo brincadeira, não passou de uma piada do depoente, e se ele estiver disposto a admitir, podemos todos ir para casa.

P: Que equipamento, se houve, você planejou usar no exorcismo do Pentágono?

R: Eu trouxe uma série de coisas barulhentas...

RICHARD SCHULTZ: Protesto, Excelência, por favor.

JUIZ HOFFMAN: Mantido.

LEONARD WEINGLASS: Poderia dizer ao juízo e ao júri o que fez no Pentágono na ocasião do exorcismo, se é que fez alguma coisa?

R: Sim. Distribuí uma série de objetos para fazer barulho e bandeiras de cores vivas, organizei para que a banda de rock chamada The Fugs cantasse e entoasse cânticos religiosos, distribuí vários tipos de fantasias, chapéus e adereços, e tentamos cercar o Pentágono. Na verdade, eu não estava envolvido em nenhum tipo de papel de liderança, éramos apenas eu e minha esposa tentando fazer isso naquela época, e pulei uma cerca e fui preso algumas vezes.

Abbie Hoffman foi questionado sobre uma reunião de dezembro de 1967 na cidade de Nova York, realizada para discutir a possibilidade de protestos na Convenção Nacional Democrata no mês de agosto seguinte.

ABBIE HOFFMAN: Jerry Rubin, acredito, disse que seria uma boa ideia chamar o protesto de Festival da Vida, em contraste com a Convenção da Morte, e fazê-lo em algum tipo de área pública, como um parque ou algo assim, em Chicago.

29 de dezembro de 1969

Abbie Hoffman declarou que, duas semanas antes da convenção, com a ajuda da União Americana pelas Liberdades Civis [ACLU, na sigla em inglês], o Comitê de Mobilização Nacional ajuizou uma ação contra a cidade por se recusar a conceder a autorização para um comício no Lincoln Park, negando, assim, os direitos à liberdade de expressão e reunião. Eles deram uma entrevista coletiva logo após comparecer em juízo. Em seu depoimento, Abbie relatou ter explicado à imprensa que desistiriam do processo depois de saber que o juiz, quando advogado, foi um sócio do prefeito Daley.

ABBIE HOFFMAN: Li uma lista de exigências dos Yippies que escrevi naquela manhã — uma espécie de filosofia do Partido Internacional da Juventude: "Esta é uma declaração pessoal. Os Yippies não têm porta-vozes. Todos nós somos nossos próprios líderes. Sabemos que esta lista de demandas é inconsistente. Não são realmente exigências. Para as pessoas, fazer exigências ao Partido Democrata é um exercício de realização de desejos perdidos. Se temos uma demanda, simples e enfática, é que eles e seus colegas criminosos do Partido Republicano deixem de existir. Exigimos uma sociedade construída junto com a comunidade alternativa no Lincoln Park, uma sociedade baseada na cooperação humanitária e na igualdade, uma sociedade que permita e promova a criatividade presente em todas as pessoas, especialmente nos nossos jovens."

30 de dezembro de 1969

LEONARD WEINGLASS: Você se lembra do que estava fazendo na segunda-feira de manhã [*26 de agosto*]?

ABBIE HOFFMAN: Telefonei para a casa de David Stahl, vice-prefeito de Chicago. Eu tinha o número. Falei: "Oi, Dave. Como vai? Sua polícia deve ser a mais burra — a mais burra e a mais brutal do país." Afirmei que a decisão de expulsar as pessoas do parque para proteger a cidade era a tática militar mais burra desde que os troianos permitiram que o cavalo de Troia adentrasse o portão e que não havia nada que se comparasse àquela estupidez. Mais uma vez, implorei a ele que deixasse as pessoas ficarem no parque na noite seguinte. Expliquei que haveria mais pessoas na segunda, terça e, subsequentemente, quarta à noite, e que elas deveriam poder dormir. Disse que ele deveria interceder junto ao departamento de polícia e que todos na prefeitura, em particular seu chefe, Daley, estavam totalmente malucos. Contei que, no dia anterior, li no jornal que havia 2 mil homens cercando os reservatórios da cidade a fim de protegê-los contra o complô Yippie de despejar LSD na água potável. Eu disse que não havia um jovem no país, muito menos um Yippie, que pensasse que uma coisa dessas poderia ser feita, que ele deveria ter consultado os cientistas da Universidade de Chicago — já que era o dono deles todos. Ele disse que sabia que não poderia ser feito, mas, mesmo assim, não correria o risco.

Mais tarde, Abbie Hoffman descreveu sua prisão durante o café da manhã na quarta-feira, 28 de agosto.

Eles me agarraram pela jaqueta, me puxaram sobre a mesa, por cima do bacon com ovos e de Anita, minha esposa, me jogaram no chão e porta afora, me arremessaram contra o carro e me algemaram. Eu estava comendo bacon e dizendo: "Óinc, óinc."

P: Eles lhe disseram por que foi preso?

R: Disseram que me prenderam porque estava escrito "foda" na minha testa. Eles chamaram de "obscenário". Eu tinha escrito com marca-texto antes de sairmos de casa.

P: E por que fez isso?

R: Por algumas razões. A primeira é que eu estava cansado de ver minha foto no jornal e viver cercado de jornalistas, e sabia que, com essa palavra na testa, eles não iriam publicar minha foto no jornal; a segunda é que ela resumia minha atitude sobre tudo o que estava acontecendo em Chicago. Era uma palavra de quatro letras — eu gostava dessa palavra de quatro letras. Achava que parecia sagrada, na verdade.

LEONARD WEINGLASS: Antes de vir para Chicago, entre 12 de abril de 1968 e a semana da convenção, você fez um acordo com David Dellinger, John Froines, Tom Hayden, Jerry Rubin, Lee Weiner ou Rennie Davis para vir à cidade com o objetivo de incentivar e promover a violência durante a Semana da Convenção?

R: Um acordo?

P: Sim.

R: A gente não conseguia entrar em acordo nem para almoçar.

31 de dezembro de 1969

RICHARD SCHULTZ: O senhor não escreveu que descartou a ideia de tentar tomar um prédio em frente à sede da polícia?

ABBIE HOFFMAN: Está me perguntando se eu pensei ou se eu escrevi que pensei? São coisas diferentes.

RICHARD SCHULTZ: É uma diferença conveniente, não é, Sr. Hoffman?

ABBIE HOFFMAN: Não sei o que quer dizer com isso, Sr. Schultz. Nunca fui julgado pelos meus pensamentos antes.

2 de janeiro de 1970

LEONARD WEINGLASS: Você poderia explicar ao júri e a este juízo o que entende pelo termo "Mito Yippie"?

ABBIE HOFFMAN: O termo "mito" se refere a uma atitude, uma visão histórica subjetiva do que está acontecendo na sociedade. É uma realidade subjetiva; uma conexão entre o que realmente aconteceu e os pensamentos, desejos e sonhos sobre as projeções. Por exemplo, os preconceitos das pessoas sobre o que veem, já que é subjetivo, desempenham um grande papel. Há um famoso experimento em psicologia em que um homem, um homem branco de terno, esfaqueia um jovem negro em um filme e o filme é exibido bem rápido. Os brancos, por terem tendência a ser racistas, invariavelmente invertem as posições, de modo que o jovem negro acaba com a faca e o homem de terno é esfaqueado; ou seja, a vítima se torna o criminoso. Os acontecimentos em Chicago seriam uma espécie de mito, uma espécie de análise subjetiva. Se houvesse uma conspiração por parte do governo e agentes municipais, digamos, para gerar a violência, eles teriam que projetar isso em outra pessoa. Teriam que chamar a conspiração que fomentou a violência de vítimas.

LEONARD WEINGLASS: Sem mais perguntas.

RICHARD SCHULTZ: Eu não tenho perguntas.

6 de janeiro de 1970

Testemunha da defesa Richard Daley, prefeito de Chicago

Como parte de um plano ousado da defesa, Daley foi chamado como testemunha para mostrar que ele e a polícia eram de fato os culpados pela violência das manifestações. A defesa esperava demonstrar que, junto com a polícia e agentes da esfera federal, Daley havia planejado sufocar a dissidência legítima e reagir às manifestações pacíficas com gás lacrimogêneo e cassetetes.

WILLIAM KUNSTLER: Prefeito Daley, em 15 de abril [*após o assassinato de Martin Luther King*], o senhor ordenou que seu Departamento de Polícia atirasse para matar e mutilar negros na cidade de Chicago?

THOMAS FORAN: Protesto contra a pergunta, Excelência, por ser capciosa, sugestiva, irrelevante, insignificante e claramente imprópria.

WILLIAM KUNSTLER: Meritíssimo, tenho que fazer uma pergunta capciosa para poder...

JUIZ HOFFMAN: Não, o senhor não precisa. Não vou permitir. Prossiga e faça sua próxima pergunta.

WILLIAM KUNSTLER: Prefeito Daley, em 28 de agosto de 1968, o senhor disse ao senador Ribicoff...

Richard Daley, prefeito de Chicago

THOMAS FORAN: Ora, Meritíssimo, eu protesto!

WILLIAM KUNSTLER: … "Vai se foder, seu judeu desgraçado, seu filho da puta nojento, vai para casa"?

THOMAS FORAN: Ouça isso, Excelência, eu protesto contra esse tipo de conduta em um tribunal; contra todas as perguntas impróprias e tolas, típicas, Meritíssimo, de perguntas inventadas que nada têm a ver com o processo.

WILLIAM KUNSTLER: Essa não é uma pergunta inventada, Excelência. Podemos provar.

THOMAS FORAN: Ah, eles podem? Isso é tão impróprio. Peço que o advogado seja advertido, Meritíssimo.

WILLIAM KUNSTLER: Eu tenho a fonte, Excelência.

JUIZ HOFFMAN: Permita-me sugerir, senhor. Como esta testemunha é sua, o senhor não pode fazer nenhuma pergunta capciosa, mesmo do tipo que sugeriu — especialmente do tipo que acabo de ouvir.

WILLIAM KUNSTLER: Prefeito Daley, em uma de suas respostas às minhas perguntas anteriores, o senhor declarou algo sobre suas instruções para oferecer hospitalidade às pessoas que viriam a Chicago.

THOMAS FORAN: Protesto contra a forma da pergunta, Meritíssimo, como sendo capciosa.

WILLIAM KUNSTLER: Não é sequer uma pergunta, Meritíssimo. É uma declaração, um predicado para…

JUIZ HOFFMAN: Ora, então faça a pergunta. Não precisa resumir as provas anteriores. Protesto mantido.

WILLIAM KUNSTLER: Diante do que disse, considerou hospitaleiro o uso de cassetetes na cabeça dos manifestantes?

THOMAS FORAN: Protesto, Meritíssimo.

JUIZ HOFFMAN: Mantido.

WILLIAM KUNSTLER: Prefeito Daley, o senhor acredita que as pessoas têm o direito de se manifestar contra a guerra do Vietnã?

THOMAS FORAN: Meritíssimo, protesto contra a forma da pergunta. É imprópria.

JUIZ HOFFMAN: Protesto mantido quanto à pergunta.

WILLIAM KUNSTLER: Bem, prefeito Daley, o senhor testemunhou que estava na Convenção Nacional Democrata na quarta-feira, 28 de agosto, e eu o questionei sobre uma declaração com referência ao senador Ribicoff. Pode repetir o que disse ao senador Ribicoff naquele dia?

THOMAS FORAN: Meritíssimo, protesto contra a forma da pergunta e, novamente, peço que o advogado seja advertido. Essas são questões impróprias segundo a lei das provas.

JUIZ HOFFMAN: Protesto mantido, e eu o relembro e o advirto em relação à minha ordem, Sr. Kunstler.

WILLIAM KUNSTLER: Meritíssimo, tentei reiterar dez vezes que, em vista da natureza desta testemunha, é impossível interrogá-la e chegar à verdade de qualquer coisa com essas restrições...

JUIZ HOFFMAN: Esta testemunha não é diferente de qualquer outra testemunha.

WILLIAM KUNSTLER: Meritíssimo, não é verdade. Ele é diferente de qualquer outra testemunha. É o prefeito da cidade...

JUIZ HOFFMAN: Exceto pelo fato de, por acaso, ocupar um cargo público elevado, ele é uma testemunha. Perante este juízo, ele é apenas uma testemunha.

WILLIAM KUNSTLER: Prefeito Daley, o senhor conhece o relatório feito pela comissão do presidente Johnson após a investigação das causas da violência na Convenção Nacional Democrata?

THOMAS FORAN: Protesto, Meritíssimo.

JUIZ HOFFMAN: Protesto mantido.

Na ausência do júri.

WILLIAM KUNSTLER: Em vista da decisão deste juízo, que se recusa a declarar o prefeito Daley uma testemunha hostil, os réus não podem interrogá-lo adequadamente. [*Se a defesa tivesse conseguido declarar o prefeito uma "testemunha hostil", Kunstler teria permissão para interrogá-lo de forma mais agressiva.*] Se o prefeito tivesse sido considerado uma testemunha hostil, por meio de seu depoimento, os réus ofereceriam provas para demonstrar que:

1) Houve uma conspiração, manifesta ou tácita, entre o prefeito Daley e o governo democrata de Lyndon B. Johnson para evitar ou suprimir quaisquer manifestações significativas contra a guerra, a pobreza, o imperialismo e o racismo, e em apoio a culturas alternativas na Convenção Nacional Democrata em 1968.

2) Os membros dessa conspiração planejaram e utilizaram todos os meios à sua disposição, incluindo o manifesto e flagrante incentivo à violência contra os manifestantes pela polícia e outras forças militares, e o emprego de táticas selvagens, brutais e desumanas para intimidar, deter ou impedir o exercício popular dos direitos constitucionais mais fundamentais.

3) Ao fazer isso, os conspiradores estavam determinados a prolongar o mito fraudulento de que o povo norte-americano tinha uma voz real em seu governo e que faria uma importante escolha nas eleições nacionais de 1968.

4) O prefeito Daley obteve e mantém o poder em Chicago por meio da criação e da manutenção de uma máquina política corrupta.

5) Essa máquina política, por seu controle ou influência sobre as assembleias legislativas federais, estaduais e municipais, sobre o judiciário e os cargos executivos em todos os níveis de governo, está determinada a, custe o que custar, sob a fachada de um governo democrático e representativo, impedir a exploração, a determinação e a efetivação de soluções significativas para os problemas terríveis que o povo dos Estados Unidos e do resto do mundo atualmente enfrentam.

6) Os conspiradores, a fim de continuar e até acelerar suas políticas opressivas e desumanas, adotaram um programa de repressão intensa e brutal contra todos aqueles que buscavam tais soluções.

7) Em prol dessa conspiração, o prefeito Daley, entre outras coisas:

(a) Determinou, em 15 de abril de 1968, que sua polícia reagisse ao assassinato do Dr. Martin Luther King Jr. com tiros para matar incendiários e mutilar ou incapacitar saqueadores na comunidade negra;

(b) Tentou, primeiro, impedir a marcha pela paz do Conselho de Paz de Chicago em 27 de abril de 1968 e, então, atacou brutalmente os manifestantes como uma advertência para ficarem longe da Convenção Nacional Democrata;

(c) Tentou impedir as manifestações na Convenção Nacional Democrata em agosto de 1968 e depois perseguiu, destratou e atacou brutalmente os manifestantes; e

(d) Tentou enganar o povo de Chicago e dos Estados Unidos quanto à natureza e à causa de tais táticas obstrutivas e brutais.

8) Para promover essa conspiração, o prefeito Daley utilizou os serviços de membros de sua máquina política, incluindo Thomas Foran, procurador da Vara Federal de Illinois e ex-assessor jurídico adjunto da prefeitura de Chicago.

9) Neste caso, a acusação foi obtida como resultado da referida conspiração a fim de:

(a) Transferir a merecida culpa pelos distúrbios em torno da Convenção Democrata dos reais conspiradores ou de alguns deles para indivíduos deliberadamente selecionados, simbolizando várias categorias e graus de dissidência em relação à política externa e interna norte-americana;

(b) Punir esses indivíduos por seu papel na liderança e articulação de tais dissidências; e

(c) Dissuadir outros de apoiar ou de expressar tal discordância no futuro.

[...]

14) Por trás do prefeito, há poderosos interesses corporativos que determinam políticas públicas amplas em Chicago, mas não são responsáveis perante nenhum órgão eleito ou público.

VOZ: MANDOU BEM!

WILLIAM KUNSTLER: Essa é a nossa demonstração de relevância de prova. É o que esperaríamos ter provado se o prefeito fosse declarado, como pensamos que deveria, uma testemunha hostil.

JUIZ HOFFMAN: Sua demonstração está devidamente registrada em ata, senhor.

WILLIAM KUNSTLER: Sendo assim, Meritíssimo, pelos motivos já indicados, não temos mais perguntas.

Testemunha da defesa Ed Sanders, líder da banda de rock The Fugs

Ed Sanders (1939–) é um poeta, cantor, escritor e ativista de causas políticas e ambientais que serviu de ponte entre a geração beat e hippie. The Fugs, fundada em 1965, era uma banda satírica que cantava sobre sexo, drogas e guerra em comícios antiguerra, incluindo os protestos na convenção de Chicago.

LEONARD WEINGLASS: Sr. Sanders, poderia indicar a este juízo e ao júri qual é a sua ocupação atual?

ED SANDERS: Sou poeta, compositor, líder de uma banda de rock, editor, artista musical, pacifista-fanático...

RICHARD SCHULTZ: Qual foi a última palavra, por favor? Eu não ouvi a última.

JUIZ HOFFMAN: Srta. Escrivã, leia as últimas palavras da testemunha. Acho que havia duas palavras, hifenizadas.

A escrivã leu a ata do julgamento.

O CASO DA DEFESA *179*

Ed Sanders

JUIZ HOFFMAN: Pacifista-fanático?

ED SANDERS: Sim, senhor.

JUIZ HOFFMAN: Pode soletrar para a escrivã?

ED SANDERS: P-a-c-i-f-i-s-t-a, hífen, f-a-n-á-t-i-c-o.

JUIZ HOFFMAN: Pacifista-fanático, Sr. Schultz.

ED SANDERS: E cantor de iodelei.

LEONARD WEINGLASS: Em relação a suas atividades como cantor de iodelei…

RICHARD SCHULTZ: Meritíssimo, tudo isso é muito divertido, mas é uma perda de tempo. Não precisamos saber de sua atividade como cantor de iodelei para compreendermos as questões relacionadas a este caso. Gostaria que Vossa Excelência pedisse ao Sr. Weinglass que parasse de transformar isto em uma piada, o que só vai prolongar o julgamento, e tratasse do que realmente importa. Se ele testemunhar sobre o que sabe...

JUIZ HOFFMAN: Apesar de demorarmos mais, vou deixar o senhor fazer uma pergunta. Sou obrigado a deixá-lo fazer uma pergunta.

WILLIAM KUNSTLER: Meritíssimo, gostaria de saber por que estamos retirando novamente as pessoas do tribunal. Vossa Excelência nos prometeu uma explicação da parte dos oficiais ontem, ou há dois dias.

JUIZ HOFFMAN: O senhor pode deixar a administração do tribunal para os responsáveis.

WILLIAM KUNSTLER: Não podemos fazer isso, Meritíssimo. Este é um julgamento público. Queremos saber por que pessoas com barbas e cabelos compridos são expulsas, temos esse direito.

JUIZ HOFFMAN: Se me der licença, senhor...

WILLIAM KUNSTLER: Não. Estou argumentando. Estou fazendo uma argumentação.

JUIZ HOFFMAN: Você não vai me dar licença? Então não vou ouvir o senhor.

WILLIAM KUNSTLER: Meritíssimo, o senhor já disse umas quarenta vezes para nunca o interromper e nós nos abstivemos disso. Agora o senhor está me interrompendo.

JUIZ HOFFMAN: Sim, e continuarei a fazê-lo quando disser coisas que não tem o direito de dizer.

13 de janeiro de 1970

Testemunha da defesa Julian Bond, ativista dos direitos civis e membro da Câmara dos Representantes da Geórgia

Julian Bond (1940–) foi um dos fundadores do SNCC, o Student Nonviolent Coordinating Committee, em 1960 e um dos pioneiros do protesto de ação direta na região de maior segregação. Em 1965, foi eleito para a Câmara dos Representantes da Geórgia, mas os membros se recusaram a aceitá-lo por causa de sua oposição à Guerra do Vietnã. Em 1966, o Supremo Tribunal decidiu a seu favor e ele tomou posse.

WILLIAM KUNSTLER: [*Sobre uma reunião com Tom Hayden em um motel em Nashville, Tennessee, no início de 1968*] Poderia descrever essa conversa? O que o Sr. Hayden lhe disse e o que o senhor fez?

JULIAN BOND: Ele mencionou que estava interessado nas manifestações na Convenção Nacional Democrata, que aconteceria em alguns meses, era o dia seguinte ao assassinato de Martin Luther King. Enquanto conversávamos, ouvimos tiros e sirenes, sirenes da polícia nas ruas da cidade de Nashville. Ao olharmos pela janela, vimos flashes do que presumimos ser armas. Uma situação extremamente tensa. A cidade foi isolada em seções, os bairros negros foram segregados pela polícia da cidade. Tom disse que temia que o mesmo tipo de coisa acontecesse na cidade de Chicago. Ele temia que a violência policial ocorresse na cidade de Chicago durante a Convenção Nacional Democrata e expressou repetidas vezes esse medo.

P: Naquela época você conversou com Dave Dellinger?

R: Bem, ele falou por alto sobre tentar obter autorização para marchar pelas ruas da cidade de Chicago. Comentou sobre os organizadores e que havia marchado na procissão fúnebre do Dr. Martin Luther King. Era o dia do funeral, que aconteceu no campus a cerca de um quarteirão da casa do meu pai, e eu me lembro dele contando que essa multidão, uma grande multidão de pessoas, tinha sido pacífica, tinha sido ordeira, e ele expressou sua esperança de que multidões semelhantes em Chicago pudessem se comportar da mesma maneira.

14 de janeiro de 1970

JUIZ HOFFMAN: Sr. Oficial, não estou aqui para ser ridicularizado por esses réus, particularmente pelo Sr. Rubin.

OFICIAL: Sr. Dellinger, o senhor também, vai parar de rir?

DAVE DELLINGER: É mentira. E não era o Sr. Rubin. Nós rimos bastante e, quando estivermos rindo, você pode nos advertir, mas agora você está errado. Se fosse um erro honesto, tudo bem, mas mentir em relação a isso e dizer que viu algo que não viu é muito diferente.

JUIZ HOFFMAN: Faça este homem se sentar.

DAVE DELLINGER: Você se tornará infame por suas mentiras patentes neste tribunal, e este é apenas o episódio mais recente.

JUIZ HOFFMAN: Em cinquenta anos de julgamentos, nunca presenciei uma das partes de um processo chamar o juiz de mentiroso.

DAVE DELLINGER: Talvez elas estivessem com medo de ir para a cadeia em vez de dizer a verdade, mas eu prefiro ir para a cadeia pelo tempo que me mandar do que deixar você se safar com esse tipo de coisa e as pessoas não perceberem o que está fazendo.

JUIZ HOFFMAN: Agora, Sr. Weineruss... Weinglass.

LEONARD WEINGLASS: Weinglass, Meritíssimo.

JUIZ HOFFMAN: Seja qual for o seu nome. Continue com o interrogatório da testemunha. Sr. Weinglass. Alguém mostrou o nome [em um cartaz].

WILLIAM KUNSTLER: Temos o nome aqui, Meritíssimo.

15 de janeiro de 1970

Testemunha da defesa Arlo Guthrie, cantor folk

Arlo Guthrie (1947–), filho de Woody Guthrie, canta músicas de protesto e sobre injustiça. A mais famosa é "Alice's Restaurant", com dezoito minutos de duração, um protesto hilário contra o alistamento para a Guerra do Vietnã. A música conta a história real de como Arlo foi rejeitado por ter ficha criminal — uma condenação por jogar lixo na rua. Em 1969, ele estrelou um filme baseado na canção.

ARLO GUTHRIE: Então, finalmente fui falar com a última pessoa no centro de alistamento, que me perguntou se eu já tinha sido preso. Respondi que sim. E ele questionou: "Por quê?" Falei: "Por jogar lixo na rua", e então ele perguntou: "Já compareceu em juízo?" e eu disse que sim, e fui rejeitado no recrutamento por ser um porcalhão em Stockbridge, Massachusetts. O final da música [*"Restaurante Alice's"*] é o refrão que diz: [*canta*] "Você pode conseguir o que quiser..."

JUIZ HOFFMAN: Ah, não, não. Não. Sinto muito.

WILLIAM KUNSTLER: Meritíssimo, foi essa canção que ele cantou para os réus.

JUIZ HOFFMAN: Não quero que os donos dos cinemas onde o filme foi exibido me processem.

WILLIAM KUNSTLER: Nós o representaremos, Meritíssimo.

JUIZ HOFFMAN: Nada de cantoria, nada de cantoria, nada de cantoria, senhor.

16 de janeiro de 1970

Testemunha da defesa Paul Krassner, editor da revista *The Realist*

Paul Krassner (1932–), em 1958, fundou uma das primeiras publicações underground, a revista The Realist, apresentando uma contundente sátira política. Ele foi um dos fundadores dos Yippies e um dos principais planejadores de seus eventos na convenção de Chicago.

PAUL KRASSNER: Eu disse que "Partido Internacional da Juventude", o Yippie, não eram apenas palavras aleatórias; a palavra "Juventude" representa o tipo de luta geracional que está acontecendo nos Estados Unidos hoje. A palavra "Internacional" foi escolhida porque está acontecendo em todo o mundo, do Japão à França, da Alemanha à Tchecoslováquia e ao México. E optamos por "Partido" pelo fato de ser nosso partido alternativo — e tem um duplo sentido deliberado de se contrapor ao Partido Democrata e também o de tomar partido no sentido amplo da expressão, de retomarmos nossos ideais, nossos valores de infância —, além do fato de Robert Kennedy ter entrado na disputa eleitoral naquele momento, e afirmei que ele havia... ele disse que havia hesitado, pois não queria dividir o Partido Democrata, e afirmei que a vida humana era mais importante do que o Partido

Democrata e o Partido Republicano juntos, e então eu disse… anunciei que íamos a Chicago tentar obter autorizações para nosso festival.

Testemunha da defesa Judy Collins, cantora folk

Judy Collins (1939–), uma das principais vozes do renascimento da música folk, lançou seu primeiro álbum, A Maid of Constant Sorrow, *em 1961, quando tinha 22 anos. Ela ajudou a apresentar as canções de Leonard Cohen e Joni Mitchell ao público e, em 1967, começou a escrever e gravar suas próprias canções no álbum* Wildflowers, *que ganhou um Grammy em 1968. Ela não foi a Chicago para os protestos na convenção.*

WILLIAM KUNSTLER: Srta. Collins, vamos falar sobre o dia 17 de março de 1968, aproximadamente ao meio-dia. A senhorita lembra onde estava?

JUDY COLLINS: Eu estava no Americana Hotel, em Nova York, participando de uma coletiva de imprensa para anunciar a formação do que agora conhecemos como Movimento Yippie.

P: Quem esteve presente nessa coletiva de imprensa?

R: Havia várias pessoas, eram cantores, artistas. Jerry Rubin estava lá, Abbie Hoffman também. Allen Ginsberg estava lá e cantou um mantra.

P: O que fez naquela entrevista coletiva?

R: [*canta*] "Para onde foram as flores…"

JUIZ HOFFMAN: Só um minuto, jovem.

JUDY COLLINS: [*canta*] "Para onde foram as flores?"

OFICIAL JOHN J. GRACIOUS: Com licença. O juiz gostaria de falar com você.

JUIZ HOFFMAN: Não permitimos cantoria neste tribunal. Sinto muito.

WILLIAM KUNSTLER: Essa música não é entretenimento, Meritíssimo. Essa é uma canção sobre a paz e o que acontece com rapazes e moças durante a guerra.

O oficial fechando a boca de Judy Collins enquanto ela canta "Para onde foram as flores".

Judy Collins

JUIZ HOFFMAN: Eu a proíbo de cantar durante o julgamento. Não permitirei cantoria neste tribunal.

WILLIAM KUNSTLER: Por que não, Meritíssimo? O que há de errado em cantar?

THOMAS FORAN: Protesto pelo fato de o Sr. Kunstler reiteradamente deixar de instruir suas testemunhas sobre o decoro adequado, e protesto em prol da União.

JUIZ HOFFMAN: Protesto mantido.

WILLIAM KUNSTLER: O que disse na coletiva de imprensa?

JUDY COLLINS: Muita coisa. Eu disse que gostaria de ver uma celebração da vida, não da destruição. Disse que, pessoalmente, como cantora — que é, aliás, minha profissão, assim como a sua é advogado, senhor —, minha alma, minha profissão e minha vida se tornaram parte de um movimento para, com sorte, eliminar as causas da morte, as causas da guerra, as causas da prevalência da violência na nossa sociedade. Disse também que, a fim de fazer minha voz ser ouvida, iria mesmo a Chicago e cantaria. É o que faço, essa é a minha profissão.

23 de janeiro de 1970

Rennie Davis foi o segundo réu que o grupo decidiu colocar para depor.

LEONARD WEINGLASS: Você se lembra da primeira vez que veio à cidade de Chicago?

RENNIE DAVIS: A primeira vez que vim à cidade de Chicago foi em 1956, para visitar o Anfiteatro Internacional em um concurso de julgamento de aves. Era o concurso internacional e eu tinha acabado de ganhar o Concurso de Julgamento de Aves 4-H do Leste dos Estados Unidos. Vim a Chicago para participar do concurso no Anfiteatro Internacional.

P: Quando terminou a última atividade do trabalho que descreveu, o que fez?

R: Desde 1967, meu principal trabalho e preocupação é acabar com a guerra do Vietnã. Até o momento deste julgamento, eu era o coordenador nacional da Mobilização para Acabar com a Guerra do Vietnã.

P: Em relação à noite de 20 de novembro de 1967, você se lembra de onde estava?

R: Eu estava na Universidade de Chicago. Era a reunião de um grupo chamado The Resistance. Fui palestrante com Bob Ross e David Harris, que é marido de Joan Baez.

Rennie Davis

P: Poderia relatar a este juízo e ao júri as palavras que proferiu, tanto quanto lembrar, naquela noite em particular?

R: Comecei segurando uma pequena bola de aço verde, do tamanho de uma bola de tênis, e disse: "Esta bomba foi lançada sobre uma cidade de 100 mil habitantes, uma cidade chamada Nam Dinh, a cerca de 100km ao sul de Hanói. Foi lançada por um caça norte-americano, um F-105." Expliquei que, quando a bomba explodiu sobre Nam Dinh, cerca de 640 daquelas bolas de aço foram lançadas pelo céu e, depois, afirmei: "Quando uma bola desta atinge um prédio ou o solo, ou diminui a velocidade de alguma forma, esses dispositivos são liberados e ocorre uma explosão que envia cerca de trezentos projéteis de aço. Uma dessas bolas tem cerca de três vezes a potência de uma granada de mão antiga. Com 640 minibombas dessas explodindo, dá pra lançar projéteis de aço sobre uma área de cerca de 1.000m de comprimento e 250m de largura. De todos os seres vivos expostos a uma única bomba nessa área, 90% morrerão, seja um búfalo, seja um menino. Se a bomba explodisse nesta sala esta noite, todos morreriam, mas, assim que removêssemos os corpos da sala, poderíamos recomeçar a discussão sobre o Vietnã. A bomba não destruiria este púlpito, não danificaria as paredes, nem o teto nem o chão. Se caísse em uma cidade, tiraria vidas, mas deixaria as instituições. Vejam, é a arma ideal para a mentalidade de que a vida é menos preciosa do que a propriedade." Eu disse que, em 1967, uma em cada duas bombas lançadas no Vietnã do Norte era desse tipo. Uma em cada duas. E, no mesmo ano, o governo dos Estados Unidos declarou ao povo norte-americano que só bombardeava aço e concreto no Vietnã do Norte. Então eu falei: "Fui ao Vietnã não como representante do governo nem como militar, mas como um cidadão norte-americano profundamente perturbado por vivermos em um país onde nosso próprio governo mente para seu povo em relação a essa guerra. O governo afirmou que atinge apenas alvos militares. Mesmo assim, o que vi foram pagodes destruídos, escolas e centros populacionais devastados." Então declarei que iria à Convenção Nacional Democrata, pois queria que o mundo soubesse que havia milhares de jovens neste país que não queriam ver uma convenção fraudada endossar mais quatro anos da guerra de Lyndon Johnson.

P: Eu lhe mostro este objeto rotulado como D-325 para fins de identificação e lhe pergunto: sabe o que é isso?

R: Esta foi a bomba que eu trouxe do Vietnã.

THOMAS FORAN: Meritíssimo, o Ministério Público protesta contra a apresentação desta prova, visto que a guerra do Vietnã nada tem a ver com as acusações deste processo.

JUIZ HOFFMAN: Protesto mantido.

WILLIAM KUNSTLER: Meritíssimo, neste momento eu gostaria de pedir anulação do julgamento...

JUIZ HOFFMAN: Indeferido.

JERRY RUBIN: O senhor ainda nem ouviu os argumentos.

JUIZ HOFFMAN: Ah, não há motivo para anulação do julgamento.

WILLIAM KUNSTLER: Mas, Meritíssimo...

JUIZ HOFFMAN: Eu ordeno ao oficial que faça com que esse homem se sente.

WILLIAM KUNSTLER: Toda vez que apresentar um pedido, serei obrigado a me sentar para argumentar?

DAVE DELLINGER: Força e violência. O juiz está incitando um tumulto ao pedir que o oficial o obrigue a sentar.

OFICIAL JONESON: Pode ficar quieto, Sr. Dellinger?

DAVE DELLINGER: Depois de tanta hipocrisia, particularmente não tenho vontade de ficar quieto. Eu disse antes que o juiz era o chefe do Ministério Público e ele [provou] isso.

JUIZ HOFFMAN: Você vai ficar quieto?

DAVE DELLINGER: Não há a menor pretensão de imparcialidade neste tribunal. Tudo o que você faz é empregar força e violência para tentar me manter calado. Assim como amordaçou Bobby Seale porque não podia se dar ao luxo de ouvir a verdade que ele estava lhe dizendo.

24 de janeiro de 1970

Rennie Davis encerrou seu depoimento para a defesa descrevendo o que aconteceu no Grant Park em 28 de agosto.

LEONARD WEINGLASS: O que estava dizendo no microfone, se é que estava dizendo algo?

RENNIE DAVIS: Continuei orientando os organizadores a formarem uma linha, a darem os braços e, então, pedi constantemente às pessoas na multidão que parassem de jogar coisas. Eu disse: "Vocês estão jogando coisas em nosso próprio povo. Recuem." À medida que a linha da marcha aumentava, eu os orientava a afastar os manifestantes da polícia.

P: O que estava fazendo enquanto a polícia avançava?

R: Bem, à medida que a polícia avançava, eu continuava de costas para a barreira policial, basicamente preocupado que a linha de manifestantes não se quebrasse ou se movesse. Então a barreira policial se rompeu e começou a correr, e naquele momento eu ouvi, claramente, vários homens na formação gritarem: "Matem Davis, matem Davis." Eles gritavam, a polícia avançou para cima de mim e fiquei encurralado. A primeira coisa que senti foi um golpe muito forte na cabeça que me jogou de cara no chão e, em seguida, enquanto eu tentava engatinhar, os policiais continuavam a gritar "Matem Davis, matem Davis" e continuaram a me bater no pescoço, nas orelhas e nas costas. Acho que devo ter levado trinta ou quarenta golpes nas costas e rastejei por talvez... não sei quantos metros, três talvez, e cheguei a um alambrado e um policial saltou por cima da cerca, tentando me pegar, e outro policial bateu na cerca com o cassetete, mas eu tive cerca de um ou dois segundos para ficar de pé e pulei sobre um banco e algumas pessoas e entrei no parque, e então comecei a caminhar em direção ao centro do parque.

P: Enquanto você caminhava para o centro do parque, o que aconteceu, se é que aconteceu alguma coisa?

R: Bem, acho que a primeira coisa que notei foi quando olhei para baixo e vi minha gravata coberta de sangue, e percebi que minha camisa estava se encharcando de sangue. Alguém segurou meu braço e me levou para o lado leste da concha acústica, e eu me deitei, e havia um homem com um jaleco branco curvado sobre mim.

26 de janeiro de 1970

Arguição de Rennie Davis pela acusação

THOMAS FORAN: Ele [*vice-prefeito Stahl*] lhe disse que havia um toque de recolher às 23h que não permitia pernoitar nos parques, não disse?

RENNIE DAVIS: Mas, no contexto da ocasião, a autorização para pernoitar poderia ser concedida como costumava ocorrer para os escoteiros e as tropas da Guarda Nacional.

P: Bem, você não considerava os Yippies escoteiros, não é?

R: Ora, considerei que, de acordo com a Lei dos Direitos Civis, os cidadãos norte-americanos têm igual proteção da lei, sejam escoteiros, sejam pessoas com cabelo comprido, Sr. Foran. Faz parte deste país.

P: O senhor acha que, diante do que estavam anunciando fazer no Lincoln Park, os Yippies eram iguais aos escoteiros? É isso que está dizendo?

R: Bem, como alguém que foi muito ativo nos escoteiros durante toda a juventude, eu pensei...

Tom Hayden e Rennie Davis

P: Você já viu os escoteiros anunciarem fornicação pública, pelo amor de Deus?

R: Os Yippies falaram sobre um Festival da Vida e sobre amor e...

P: Eles também falaram sobre fornicação pública, uso de drogas e nudez na praia? Eles também falaram sobre isso, não é?

R: Eles falaram sobre amor, sim, senhor.

P: Acho que o senhor e eu temos sentimentos um pouco diferentes sobre o amor, Sr. Davis.

27 de janeiro de 1970

THOMAS FORAN: Você disse: "Eu quero falar sobre uma campanha para construir uma frente de libertação nacional nos Estados Unidos em 1968"?

RENNIE DAVIS: Sim. A ideia era construir no...

P: Você não disse "norte-americanos"?

R: Eu disse... construir uma frente de libertação nacional nos Estados Unidos...

P: ... uma frente de libertação nacional em 1968?

R: Bem, sim, essas podem ser as palavras, mas é exatamente a mesma ideia.

P: A Frente de Libertação Nacional no Vietnã são os vietcongues, não?

R: Bem, esse é o termo que você usa. Sim. Sou norte-americano, senhor, e acho que é hora de começarmos a falar sobre a libertação dos norte-americanos.

P: Assim como os vietcongues estão libertando os vietnamitas?

R: Bem, acho que em qualquer lugar do mundo onde as pessoas estão trabalhando para...

P: Da mesma forma que os vietcongues estão libertando o povo vietnamita?

R: Não foi isso que eu disse...

P: Eu não falei que você disse isso. Estou perguntando se é isso que quer dizer; você quer dizer que deveria ter uma frente de libertação nacional nos Estados Unidos para libertar os norte-americanos da mesma forma que a Frente de Libertação Nacional no Vietnã está libertando o povo vietnamita?

R: Não acho apropriado construirmos um exército nos Estados Unidos.

P: E pretende incentivar os jovens a se revoltar, não é isso?

R: Sim, se revoltar. Isso parece mais correto.

P: E você declarou: "Quando eu terminar, não pode restar dúvida de que tenho toda a intenção de instigar que vocês se revoltem, que se juntem ao movimento, que se tornem parte de uma força crescente para uma revolta nos Estados Unidos." Disse isso, não é mesmo?

R: Eu estava bem ao lado de Fred Hampton quando disse isso, e depois ele foi assassinado.

P: Disse isso, não disse, senhor? Afirmou isso, não foi?

R: Estava bem ao lado de Fred Hampton, que foi assassinado nesta cidade por policiais.

JUIZ HOFFMAN: Este julgamento ainda não acabou. Chame sua próxima testemunha. Três dos réus saíram.

WILLIAM KUNSTLER: Eles vão trazê-la.

JUIZ HOFFMAN: Ah, são necessários três para trazer a próxima testemunha?

WILLIAM KUNSTLER: Não, mas ele gosta de companhia.

JUIZ HOFFMAN: Eles vão querer abraçar a testemunha também, da maneira como abraçaram esta? Nunca presidi um julgamento em que houvesse tanta demonstração de afeto físico no tribunal.

VOZES: MANDOU BEM!

JUIZ HOFFMAN: Talvez isso seja típico dos festivais do amor, não sei.

WILLIAM KUNSTLER: Talvez este não seja um lugar ruim para isso acontecer, no tribunal federal dos Estados Unidos.

Testemunha da defesa Norman Mailer, escritor

Norman Mailer (1923–) é e foi um importante escritor e autor de Os Exércitos da Noite, *um livro sobre a manifestação no Pentágono em 1967 que ganhou o Prêmio Pulitzer e o National Book Award. Na quarta-feira, ele falou com os manifestantes na concha acústica do Grant Park. Em seu discurso, disse que não poderia participar da manifestação, pois tinha um prazo de revista a cumprir e não queria correr o risco de ser preso. Quando compareceu para depor como testemunha, parecia culpado e envergonhado pelo que parecia ter sido covardia diante da polícia de Chicago.*

WILLIAM KUNSTLER: Você conversou com Jerry Rubin após o Pentágono [a manifestação em 1967]?

NORMAN MAILER: Sim, em dezembro, na minha casa. O Sr. Rubin disse que trabalhava em tempo integral no planejamento de um festival da juventude em Chicago para agosto de 1968, quando aconteceria a Convenção Democrata, e sua ideia era que a presença de 100 mil jovens em um festival com bandas de rock intimidaria e aterrorizaria tanto o establishment, particularmente os defensores da Guerra do Vietnã de Lyndon Johnson, que sua nova nomeação para concorrer à presidência teria que ser feita sob guarda armada. E eu disse: "Uau." Fiquei surpreso com a audácia da ideia e falei: "É uma ideia linda e assustadora." E Rubin respondeu: "Acho que a beleza dela é que o establishment fará tudo sozinho. Não faremos nada. Nós simplesmente estaremos lá e eles não serão capazes de suportar. Eles vão destruir a cidade sozinhos. Eles vão provocar toda a violência."

RICHARD SCHULTZ: Pedimos que o senhor relate apenas as conversas relacionadas às perguntas.

JUIZ HOFFMAN: É isso mesmo.

RICHARD SCHULTZ: Se você for questionado sobre um telefonema, então pode falar a respeito, mas não misture os assuntos.

NORMAN MAILER: Está certo. Sou conhecido por ser um homem com uma mente divagante.

RICHARD SCHULTZ: Estamos aqui para determinar os fatos.

NORMAN MAILER: Os fatos não são nada sem suas nuances, senhor.

WILLIAM KUNSTLER: Na quarta-feira, 28 de agosto. Você lembra onde estava?

R: Sim, eu estava no Grant Park. Senti vergonha de mim mesmo por não discursar e, portanto, subi à plataforma e perguntei ao Sr. Dellinger se podia falar, e ele então, muito feliz, disse: "Sim, claro."

P: Pode nos contar o que falou?

R: Apenas disse aos presentes que os achava dotados de beleza e que não marcharia com eles, pois tinha que escrever uma matéria. Falei: "Não me sinto bem em não marchar com todos vocês porque as pessoas não saberão se há um bom motivo ou se é medo de marchar. Não posso correr o risco de ser preso, pois tenho que escrever esse artigo, então vim apenas dizer: Deus abençoe vocês. Façam o que têm que fazer e estarei com vocês. Muito obrigado." E todos disseram: "Vai escrever, baby." Foi o que me disseram em meio à multidão.

JUIZ HOFFMAN: Você deve relatar o que viu, e não o que pensa que aconteceu.

NORMAN MAILER: Vi o ataque dos policiais, que investiram contra a multidão empunhando seus cassetetes. Eles atravessaram em meio às pessoas como se fossem uma tromba d'água, como uma lâmina cortando grama. Eles separavam um grupo de pessoas na rua, o atacavam novamente e dividiam esse grupo em porções menores, em quatro partes, depois em oito. Batiam nas pessoas e as deixavam na rua. Então vinham e pegavam mais pessoas — em outras palavras, pegavam essas pessoas que tinham sido espancadas e as jogavam nas ambulâncias. Ao fazer isso, as espancavam ainda mais. A polícia continuou atacando sem parar. Depois de empurrarem as pessoas em todas as direções, os policiais as perseguiram até o parque. Eles as perseguiram até a barricada que havia sido armada pela polícia em frente ao Conrad Hilton, onde meros espectadores foram empurrados pela polícia e espancados. Eles empurraram — pelo que pude ver, empurraram as pessoas contra a parede do Conrad Hilton. Não pude vê-los empurrando as pessoas pela vidraça porque estava fora do meu campo de visão.

P: Se o Sr. Rubin não usou a palavra "intimidar", qual ele usou, o senhor lembra? Quais foram suas palavras?

R: Uso a palavra "intimidar" porque, possivelmente, como sou um valentão por natureza, ao contrário de qualquer outra pessoa neste tribunal, tendo a pensar em termos de intimidação, mas não acho que o Sr. Rubin pense assim. Ele pensa em termos de cataclismo, de provocar as pessoas, para que revelem sua culpa, seu próprio mal. Toda a sua ideia era que a presença inocente de 100 mil pessoas em Chicago seria intolerável para um homem tão cheio de culpa como Lyndon Johnson.

28 de janeiro de 1970

Testemunha da defesa Ramsey Clark, ex-procurador-geral dos Estados Unidos no governo do presidente Lyndon Johnson

Ramsey Clark (1927–) era filho de um juiz da Suprema Corte. Seu mandato como procurador-geral representou o período de ação federal mais ampla em apoio aos direitos civis em um século, incluindo a Lei do Direito ao Voto de 1965 e a Lei de Direitos Civis de 1968. Seu mandato também incluiu o processo contra o líder antiguerra Benjamin Spock por "conspiração para ajudar e estimular a resistência ao recrutamento". Ele deixou o cargo de procurador-geral quando Nixon se tornou presidente em janeiro de 1969.

No julgamento de Chicago, Clark estava pronto para testemunhar que, enquanto fora procurador-geral, o Departamento de Justiça não pretendia processar os líderes da manifestação de Chicago. Ter o procurador-geral anterior testemunhando para a defesa de um caso movido por seu sucessor seria explosivo.

RICHARD SCHULTZ: Meritíssimo, antes da entrada do júri, o Ministério Público tem um assunto que gostaria de tratar. O ex-procurador-geral dos Estados Unidos, Ramsey Clark, foi intimado pela defesa. Entendemos que ele não pode contribuir em nada para este caso. Sendo assim, gostaria que ele testemunhasse sem a presença do júri.

WILLIAM KUNSTLER: Em um processo penal, onde a liberdade do réu está em jogo, ele tem o direito absoluto de trazer qualquer pessoa que desejar depor, e a única coisa que pode impedir uma pessoa de testemunhar é se ela própria peticionar ao juízo para revogar sua intimação. O Sr. Clark é uma testemunha amigável. Ele quer testemunhar pela defesa. Achamos importante que o depoimento e o envolvimento do procurador-geral no caso seja de conhecimento do júri. Se não o virem e não souberem o que ele tem a dizer, nos será negado o devido processo legal fundamental, visto que uma testemunha chamada pela defesa será impedida de depor.

JUIZ HOFFMAN: O juízo entende que há motivos para exigir que a defesa demonstre, por meio de perguntas preliminares para a testemunha, o que espera extrair de seu depoimento. Deseja chamar sua testemunha?

WILLIAM KUNSTLER: Meritíssimo, faremos isso sob protesto. Achamos que é totalmente inconstitucional.

O júri não estava na sala do tribunal quando Ramsey Clark testemunhou.

WILLIAM KUNSTLER: No dia 21 de agosto de 1968, o senhor fez algumas recomendações ao presidente dos Estados Unidos?

RICHARD SCHULTZ: Protesto, Meritíssimo. Isso envolve questões de segurança nacional.

JUIZ HOFFMAN: Protesto mantido.

WILLIAM KUNSTLER: Procurador-geral Clark, era seu entendimento ou sua intenção que os eventos em torno da Convenção

Nacional Democrata fossem investigados sem a convocação de um grande júri?

RICHARD SCHULTZ: Protesto, Excelência.

JUIZ HOFFMAN: Protesto mantido.

WILLIAM KUNSTLER: Não tenho mais perguntas, Meritíssimo.

RICHARD SCHULTZ: A única forma de o procurador-geral dos Estados Unidos poder ajudar os réus neste caso é oferecendo o prestígio de terem o procurador-geral depondo como sua testemunha. Mas isso não é possível. Uma testemunha não é apresentada por seu prestígio, mas por aquilo que pode oferecer em termos de elementos de prova. O procurador-geral nada pode oferecer ao caso pelos motivos que expus, e por isso a acusação protesta contra o seu depoimento.

WILLIAM KUNSTLER: É um testemunho relevante. O julgamento trata de um crime doloso. A avaliação, pelo mais alto oficial de aplicação da lei do país na época, do que estava acontecendo em Chicago, se foi uma reação exagerada, se houve excesso de força militar na cidade e todos esses aspectos, certamente é relevante na denúncia contra estes réus.

JUIZ HOFFMAN: Protesto da acusação mantido contra o depoimento da testemunha da defesa procurador-geral Clark perante o júri. Também ordeno que ambos os representantes, do Ministério Público e da defesa, não se refiram a essa oitiva ou ao assunto nela tratado após o retorno do júri.

A testemunha foi dispensada.

WILLIAM KUNSTLER: Meritíssimo, podemos ao menos instruir o júri de que havíamos chamado o procurador-geral dos Estados

Unidos, mas que, por razões jurídicas decididas por este juízo, ele não foi autorizado a testemunhar?

JUIZ HOFFMAN: Não, indefiro a solicitação.

WILLIAM KUNSTLER: Meritíssimo, o júri não pode nem saber que ele esteve aqui?

JUIZ HOFFMAN: Indefiro o pedido.

Assim, o juiz Hoffman proibiu o testemunho do mais alto oficial de aplicação da lei que atuou na administração anterior. O New York Times declarou em um editorial que a decisão foi "o derradeiro ultraje em um julgamento que se transformou na vergonha da justiça norte-americana".[3]

29 de janeiro de 1970

Testemunha da defesa Bobby Seale, presidente do Partido dos Panteras Negras

Seale foi chamado como testemunha da defesa quase três meses após seu processo ser desmembrado dos demais réus. Ele entrou na sala do tribunal na ausência do júri.

VOZES: Ei, Bobby. Mandou bem! Mandou bem!

OFICIAL: Sente-se, por favor.

JUIZ HOFFMAN: O senhor é Bobby Seale.

BOBBY SEALE: Sim.

Houve risos no tribunal.

VOZ: Ele ainda não sabe disso?

JUIZ HOFFMAN: O senhor deseja testemunhar?

BOBBY SEALE: Sim.

JUIZ HOFFMAN: Tudo bem.

WILLIAM KUNSTLER: Poderia dizer o que é o Partido dos Panteras Negras para Autodefesa?

R: O Partido dos Panteras Negras…

RICHARD SCHULTZ: Protesto.

JUIZ HOFFMAN: Protesto mantido.

RICHARD SCHULTZ: O processo não envolve o Partido dos Panteras Negras.

JUIZ HOFFMAN: Minha decisão prevalece.

WILLIAM KUNSTLER: Neste caso, o processo envolve sim o Partido dos Panteras Negras, Meritíssimo.

JUIZ HOFFMAN: Mantenho minha decisão, senhor.

Arguição de Bobby Seale pela acusação

BOBBY SEALE: As táticas revolucionárias são amplas. Eu poderia enviar três ou quatro pessoas com a tarefa de colher assinaturas para uma petição para o controle comunitário [da] polícia; seguramente, ao mesmo tempo, a comunidade seria tomada por policiais atirando, agredindo, matando. Eu dizia aos negros para não reunirem um grande número de pessoas, pois tudo o que conseguiriam era que muitas fossem baleadas. Vão em pequenos grupos, de três e quatro. É possível desmobilizar a força policial dos porcos, como costumamos dizer, circulando petições para conseguir um número suficiente de eleitores registrados para tirá-los de lá pelo voto. Isso é o que queremos dizer ao nos declararmos um partido político e é isso que um partido político faz, ele produz táticas revolucionárias em um nível amplo.

WILLIAM KUNSTLER: Qual era o nome de seu partido na época?

R: Partido dos Panteras Negras. Antes disso, era o Partido dos Panteras Negras para Autodefesa, mas, depois de cerca de sete meses, muitas pessoas estavam confundindo nossa organização e tentando chamá-la de grupo paramilitar, o que ela não era, então o comitê central do Partido dos Panteras Negras aceitou a sugestão de nosso Ministro da Defesa, Huey Newton, de que abandonássemos o termo "Autodefesa", para que as pessoas pudessem ver que realmente temos um programa político básico de dez propostas que trata de emprego, habitação, educação digna, tratamento justo nos tribunais, júris compostos de nossos pares em julgamentos e em situações como esta aqui, e nosso principal objetivo político era que as pessoas pudessem ver isso. Abandonamos o termo "Autodefesa", pois queríamos que fosse realizado um Plebiscito das Nações Unidas na comunidade negra para lidar com as aspirações políticas, os desejos e as necessidades de injustiça política, econômica e social a que estávamos sujeitos.

30 de janeiro de 1970

Testemunha da defesa Staughton Lynd, historiador e ativista

Staughton Lynd (1929–) foi um ativista fundamental do movimento, historiador radical que ensinou história dos Estados Unidos em Yale e autor do livro Intellectual Origins of American Radicalism *[sem publicação no Brasil]. Lynd apresentaria argumentos de que alguns dos eventos de 1968 em Chicago foram "notavelmente semelhantes" aos da Revolução Americana. Posteriormente, Tom*

Hayden escreveu que o testemunho de Lynd "explicou de forma mais articulada a base de nossas ações em Chicago".[4] O juiz ordenou que a arguição fosse feita sem a presença do júri.

LEONARD WEINGLASS: O senhor pode nos dar sua opinião de especialista sobre as origens do direito do povo norte-americano de protestar para a reparação de injustiças e quando esses canais de protesto convencionais são bloqueados?

STAUGHTON LYND: Minha opinião é que o direito previsto na Primeira Emenda, adotada logo após a ratificação da Constituição dos Estados Unidos, o direito de petição para reparação de injustiças, tinha um significado muito mais amplo do que normalmente assumimos para os homens que fizeram a Revolução Americana e que escreveram a Constituição dos Estados Unidos.

E o que eles estavam fazendo neste processo peticionário antes da Revolução Americana não era pedir a aprovação de uma lei específica, mas clamar contra o que a Declaração da Independência chamou de uma longa série de abusos evidenciados pela tentativa de criar um despotismo absoluto.

Para eles, esse era o significado do direito de petição. Na minha opinião, esse conceito de petição é relevante para a situação apresentada perante este juízo, pois a Primeira Emenda estava envolvida no que aconteceu em Chicago em 1968, em um sentido muito mais amplo do que em seus sentidos particulares do direito de reunião, do direito de usar um parque público, do direito à liberdade de expressão e do direito à liberdade de imprensa.

Parece-me que o júri pode querer considerar todo o processo da manifestação, o que fez as pessoas virem a Chicago, como uma espécie de processo de petição em que as pessoas, sentindo que o seu governo eleito já não era mais receptivo, se colocaram na mesma posição que os colonos antes da Revolução Americana. Elas vieram a Chicago para fazer um último apelo direto aos homens no poder reunidos na Convenção Democrata. Não vejo como podemos afirmar que o povo norte-americano tem o direito à revolução como último recurso contra a opressão absoluta e dizer que não tem o direito à resistência, menos extrema do que a revolução, no caso de uma situação parcialmente opressora.

Essa é uma forma de resistência intermediária cheia de precedentes na Revolução Americana, faz parte da tradição norte-americana, e parece, pelo menos para mim, bastante apropriada nas circunstâncias de 1968.

LEONARD WEINGLASS: Isso conclui a demonstração de relevância de prova, Excelência.

JUIZ HOFFMAN: Qual é a posição do Ministério Público em relação ao que foi descrito aqui pelo Sr. Weinglass como uma demonstração de relevância de prova?

THOMAS FORAN: Protesto, Excelência.

JUIZ HOFFMAN: Mantido. O senhor pode se retirar, por favor.

Assim, o juiz decidiu que o júri não tinha permissão para ouvir o depoimento de Staughton Lynd.

Testemunha da defesa reverendo Jesse Jackson, ativista dos direitos civis

Jesse Jackson (1941–) era um ativista seguidor de Martin Luther King Jr. e estava em Memphis com ele no dia do seu assassinato, em abril de 1968.

JESSE JACKSON: Acho que o que realmente queria dizer... Espero não ter agido de maneira inadequada, juiz.

JUIZ HOFFMAN: Não ouvi o que disse.

JESSE JACKSON: Eu disse que espero não ter agido de maneira inadequada. Não entendo muito bem os procedimentos judiciais.

JUIZ HOFFMAN: Bem, eu também não acho que seria um reverendo perfeito. Então estamos quites.

JESSE JACKSON: Ok, juiz. Acho que vamos nos dar bem.

Jesse Jackson foi questionado sobre uma conversa com Rennie Davis.

JESSE JACKSON: Eu disse que esperava que ele obtivesse a autorização legal, mas, mesmo que não conseguisse, estaria em consonância com os ensinamentos do Dr. King obter uma autorização moral, que significaria que, em vez de obter permissão da prefeitura, se não conseguíssemos dessa forma, teríamos que receber uma permissão de nossas consciências e fazer uma manifestação extralegal; afirmei que provavelmente os negros não deveriam participar, pois, se apanhassem, ninguém prestaria atenção, seria só história. Mas, se os brancos fossem agredidos, seria uma boa matéria — isto é, sairia nos jornais. Eu achava que os negros seriam mortos, então Rennie me disse que não entendia o que eu estava dizendo. Expliquei a ele que achava que os brancos de cabelos compridos eram um novo tipo de negro e, se não acreditava que seriam agredidos, que experimentasse, e continuamos a conversa, e então ele me ligou de volta, acho, tentando esclarecer o que eu quis dizer com um novo tipo de negro, e percebi que o país tem dificuldade em absorver pessoas com diferentes tipos de valores.

A testemunha foi dispensada.

LEONARD WEINGLASS: Outro espectador foi retirado à força do recinto pelos oficiais do tribunal.

JUIZ HOFFMAN: Sim. Pelo que observei aqui, acho que esse tipo de coisa deveria ter sido feita antes. Sr. Weinglass, repito, em muitos e muitos anos de trabalho, nunca vi ou ouvi algo parecido ao que ocorreu ao longo deste julgamento.

2 de fevereiro de 1970

JUIZ HOFFMAN: [*para o júri*] Devo informar que pedi aos réus que apresentassem qualquer testemunha que tivessem, e eles não tinham nenhuma pronta para prosseguir e não indicaram que encerraram. Portanto, na presença dos senhores, que fique consignado em ata que os réus encerraram. A palavra "encerrar" significa que eles não têm mais evidências para apresentar.

WILLIAM KUNSTLER: Protestamos, Meritíssimo. O Dr. Ralph Abernathy está a caminho diretamente do aeroporto para este tribunal. Gostaríamos que o júri compreendesse que não encerramos. Estamos preparados para seguir em frente. Pedimos apenas um intervalo de alguns minutos para que o Dr. Abernathy possa ser arguido.

THOMAS FORAN: Meritíssimo, podemos prosseguir com a réplica da acusação?

JUIZ HOFFMAN: Sim, podemos.

WILLIAM KUNSTLER: Gostaria de comentar sobre isso, Meritíssimo, pois acho que o que acabou de dizer é a declaração mais ultrajante que já ouvi em um tribunal, e vou dizer o que penso agora, e o senhor pode me prender por desacato agora mesmo, se desejar. O senhor violou todos os princípios de equidade ao excluir Ramsey Clark do banco das testemunhas. O *New York Times*, entre outros, chamou essa atitude de o derradeiro ultraje à justiça dos Estados Unidos.

VOZES: MANDOU BEM!

WILLIAM KUNSTLER: Eu me sinto ultrajado por estar diante de Vossa Excelência. No sábado, descobri que Ralph Abernathy, o presidente da Mobilização, está na cidade e pode comparecer ao tribunal. O senhor já nos tirou um dia inteiro na quinta-feira para a discussão ridícula sobre se Ramsey Clark poderia ou não depor diante do júri, estou tremendo porque estou muito indignado. Nunca cheguei a este ponto antes, mas agora vou dizer, já chega, se quiser pode me colocar na prisão. Pode fazer o que quiser comigo, se quiser, pois me sinto humilhado por estar aqui, por ouvir que, devido a uma tecnicalidade da parte de minha representação, não podemos arguir Ralph Abernathy. Ele é o copresidente do Mobe. Seu testemunho é relevante. Sei que não significa muito neste tribunal o fato de que o procurador-geral dos Estados Unidos tenha saído daqui tão transtornado que mal conseguia respirar; se o senhor visse a expressão em seu rosto, saberia, e, segundo a sua esposa me informou, ele nunca sentiu tanta raiva do governo dos Estados Unidos quanto ao ser proibido de testemunhar.

VOZES: MANDOU BEM!

WILLIAM KUNSTLER: Estou sentado aqui há quatro meses e meio, observando os protestos indeferidos e mantidos por Vossa Excelência, e sei que este não é um julgamento justo. Sei disso de todo meu coração. Se eu tiver que perder minha licença para exercer a advocacia e se tiver que ir para a prisão, não consigo pensar em uma causa melhor para ir para a cadeia e para perder minha licença...

UMA VOZ: MANDOU BEM!

WILLIAM KUNSTLER: ... do que dizer a Vossa Excelência que está prestando um péssimo serviço à lei ao decidir que não podemos ter Ralph Abernathy no banco de testemunhas. Está declarando que a verdade não virá à tona por causa de uma tecnicalidade da representação de um advogado. Acho que realmente não tenho mais nada a dizer.

JUIZ HOFFMAN: Não há muito mais que possa dizer, Sr. Kunstler.

WILLIAM KUNSTLER: Vou voltar ao meu lugar com a compreensão de que tudo o que aprendi ao longo da minha vida foi em vão, que não há sentido neste tribunal e não há lei neste tribunal.

3 de fevereiro de 1970

WILLIAM KUNSTLER: Meritíssimo, quando o tribunal encerrou ontem, o status do reverendo Abernathy ainda era incerto. Falei com o Sr. Abernathy, que ontem à noite estava em Clarksdale, Mississippi, e ele me pediu para fazer a seguinte declaração a Vossa Excelência sobre seu comparecimento aqui. Repetirei suas palavras:

"Saí de Chicago ontem após ser informado de que o tribunal decidiu que eu não poderia testemunhar neste caso. Saí com o coração pesado, pois interrompi minha agenda lotada e viajei enfrentando granizo e neve para contar o que sabia a este júri, apenas para ter o direito de fazê-lo negado por estar dezesseis minutos atrasado para chegar ao tribunal.

"Não posso encerrar este comunicado sem dizer que acabo de voltar do exterior como embaixador da boa vontade para meu país. Quando me perguntaram sobre o nosso sistema de justiça e igualdade, procurei palavras para explicar que ambos existiam.

Quando os estrangeiros disseram: 'Vocês não têm democracia nem justiça nos Estados Unidos', tentei provar o contrário. Depois de minha experiência ontem neste tribunal, não posso mais defender meu país contra esses ataques."

Isso concluiu o caso da defesa.

IV.

Réplica da Acusação

4 de fevereiro de 1970

James Riordan, vice-chefe de polícia de Chicago

Riordan foi chamado pela acusação para testemunhar sobre a manifestação no Grant Park.

RICHARD SCHULTZ: O que o senhor ouviu no megafone?

R: Ouvi um orador não identificado anunciar ao grupo que, visto que a marcha havia sido interrompida, as pessoas deveriam se dividir em pequenos grupos de cinco a dez, e ir até o Loop [*o distrito comercial do centro*] para invadir hotéis, teatros, lojas e estabelecimentos comerciais onde a polícia não pudesse pegá-las, e perturbar as atividades normais e, se possível, bloquear o trânsito no Loop.

P: Você viu para onde [Dave Dellinger] foi?

R: Ele saiu com o chefe do grupo que carregava as bandeiras.

DAVE DELLINGER: Ah, quanta merda. Isso é uma mentira deslavada.

JUIZ HOFFMAN: Anotou isso, Srta. Escrivã?

DAVE DELLINGER: Vamos debater sobre o que eu acredito e sobre o que você acredita, mas não vamos inventar coisas assim.

JUIZ HOFFMAN: Todas essas observações foram feitas pelo Sr. Dellinger na presença do juiz Hoffman e do júri.

WILLIAM KUNSTLER: Há limites para o que o espírito humano é capaz de suportar, e acho que o Sr. Dellinger chegou ao seu limite.

JUIZ HOFFMAN: Em mais de meio século de profissão, nunca ouvi um homem usar palavrões neste ou em qualquer outro tribunal.

WILLIAM KUNSTLER: O senhor nunca se sentou em um tribunal como réu e ouviu testemunhas mentirem descaradamente, Meritíssimo.

RICHARD SCHULTZ: Excelência, não tenho mais perguntas.

O júri foi dispensado e saiu da sala do tribunal.

JUIZ HOFFMAN: Repetidas vezes, como pode ser verificado na ata, o réu Dave Dellinger interrompeu os trabalhos deste tribunal com o uso de linguagem vil e insultuosa. Proponho que tente parar de usar essa linguagem, se possível. Por conseguinte, neste ato, revogo a fiança do réu David Dellinger e o reenvio à custódia dos delegados federais dos Estados Unidos pelo restante deste julgamento.

WILLIAM KUNSTLER: Meritíssimo, não poderemos sequer argumentar sobre isso?

JUIZ HOFFMAN: Sem argumentação.

Assim, Dave Dellinger, o mais velho dos réus, um pacifista de longa data, sofrendo de várias doenças, foi levado para passar o restante do julgamento na prisão do Condado de Cook.

5 de fevereiro de 1970

Na manhã seguinte, Abbie e Jerry compareceram ao tribunal vestindo togas pretas, zombando abertamente do juiz Hoffman, praticamente pedindo para serem mandados à prisão por desacato. Weinglass e Kunstler argumentaram que a fiança poderia ser revogada, como aconteceu com Dellinger no dia anterior, apenas para prevenir a fuga do acusado, e que Dellinger nunca representou uma ameaça de fuga. O juiz Hoffman rejeitou o argumento.

WILLIAM KUNSTLER: Acho que devemos argumentar sobre a petição.

JUIZ HOFFMAN: Peço que se sente e encerre a discussão.

ABBIE HOFFMAN: Sua ideia de justiça é a única obscenidade na sala. Seu *schtunk. Schande vor de goyim*, hein? [Ídiche para "Seu fedorento. Acobertando gentios, hein?" — os dois Hoffmans eram judeus].

JUIZ HOFFMAN: Sr. Oficial, pode pedir ao réu Hoffman para...

OFICIAL: Sr. Hoffman...

ABBIE HOFFMAN: Ah, diga a ele para ir tomar... conta de suas bolas de boliche. Como vai seu estoque de bolas de boliche durante a guerra, Julie?

JERRY RUBIN: Você é motivo de chacota mundial, Julius Hoffman. Cada jovem no mundo odeia você, sabe o que representa.

9 de fevereiro de 1970

WILLIAM KUNSTLER: Fico feliz que Vossa Excelência esteja rindo e que ninguém seja repreendido por isso.

JUIZ HOFFMAN: O que disse?

WILLIAM KUNSTLER: Fico feliz que Vossa Excelência esteja rindo, pois sabe que sempre defendi que há espaço no tribunal para um pouco de risada.

JUIZ HOFFMAN: Estou rindo agora. Não prometo rir pelo resto deste julgamento. E acho que estou rindo por causa do que eu estava prestes a dizer. Nem tenho certeza se entendeu as referências feitas por um dos réus em uma das línguas mais antigas. Não acho que era uma língua morta, mas certamente veio de uma língua morta.

WILLIAM KUNSTLER: A defesa não teria objeções, Meritíssimo, se usasse essa linguagem em sua acusação.

JUIZ HOFFMAN: Referente a quem?

WILLIAM KUNSTLER: O senhor está falando das expressões em hebraico do Sr. Hoffman?

JUIZ HOFFMAN: Sim. Bem, se é que pode chamá-las de hebraico.

WILLIAM KUNSTLER: Nós até consentiríamos com isso, Meritíssimo.

JUIZ HOFFMAN: Eu acho que as autoridades chamariam isso de iídiche, não é? Não sei se entendeu ou não.

WILLIAM KUNSTLER: Compreendo a entonação das palavras, Meritíssimo, e o Sr. Hoffman me explicou mais tarde.

JUIZ HOFFMAN: Ah, ele as traduziu?

WILLIAM KUNSTLER: Ele traduziu algumas delas, algumas das mais enigmáticas...

JUIZ HOFFMAN: Tive a vantagem de ler uma tradução não muito precisa em um dos jornais.

WILLIAM KUNSTLER: *Schtunk* eu já tinha ouvido. A outra expressão tive que pedir a ele que traduzisse.

V.

Alegações Finais e Instruções ao Júri

10 de fevereiro de 1970

Richard Schultz resumiu o caso da acusação.

RICHARD SCHULTZ: Senhoras e senhores do júri, senhores advogados de defesa. Os réus afirmaram repetidamente que não queriam a violência, que estavam em Chicago pela paz, mas provamos com base em suas próprias declarações, em suas próprias ações, que isso não é verdade, que eles vieram aqui para promover a violência e causar tumultos.

Davis queria que o presidente usasse tropas para garantir [a] nomeação do partido. Pretendia usar a violência para fomentar, para criar a Frente de Libertação Nacional nos Estados Unidos, na qual as pessoas se reuniriam instigadas pela raiva contra o governo e isso seria impulsionado por um tumulto.

Hayden queria criar o que ele se referiu, no dia seguinte à Convenção, como o primeiro passo em direção à revolução.

Dellinger disse que queria parar a máquina militar dos EUA. Ele se referiu às pessoas reunidas em Chicago como lutadores pela liberdade e, na quinta-feira, depois da violência, daquela horrenda violência, ele comparou os norte-americanos que lutavam nas ruas, comparou suas ações com as dos revolucionários cubanos e leu um telegrama de Cuba. Esse era o propósito, fomentar, consolidar, atiçar.

Em dezembro de 1967, Rubin... Rubin disse a Norman Mailer, de acordo com o Sr. Mailer, testemunha da defesa, que a presença de 100 mil pessoas no Festival da Vida aterrorizaria tanto o establishment que a Convenção seria mantida sob guarda armada e a violência resultante, causada pelo próprio establishment, seria tamanha que destruiria a cidade, e então ele disse que se dedicaria em tempo integral a trazer 100 mil pessoas para cá a fim de fazer exatamente isso, destruir a cidade.

Cinco dias após a convenção, Hoffman afirmou, no livro que escreveu, que queria destruir o sistema valendo-se de todos os meios à sua disposição. Como declarou em uma entrevista para um jornal, e que ficou demonstrado quando o arguimos, ele pretendia: "Destruir essa porra de sociedade." Foi o que disse.

Eles conseguiram o que queriam. Assim, apesar de os réus professarem que vieram aqui pela não violência, suas próprias declarações desmentem esse fato, suas próprias declarações contradizem esse fato.

Além disso, eles não podiam declarar publicamente que estavam vindo até aqui para praticar violência porque senão as pessoas não viriam. Exatamente como o Sr. Rosen disse — Sr. Rosen é a testemunha que estava presente na reunião de resistência em 14 de março de 1968, onde Hayden discursou.

Então, eles disseram às pessoas, a muitas pessoas e a muitos grupos, que haviam planejado atividades pacíficas e não violentas. Afirmaram isso aos apoiadores de McCarthy. Falaram isso para Julian Bond. Disseram a Dick Gregory. Disseram a Jesse Jackson.

Tentaram angariar o apoio dessas pessoas, trazê-las para Chicago e também fazer com que pensassem que não haveria violência.

Rubin. Vamos falar dele primeiro. Rubin foi, claramente, o mais ativo de todos os réus nas ruas. Ele declarou a cerca de duzentas pessoas que o parque pertence ao povo. O parque pertence ao povo. Rubin é de Nova York. Hoffman é de Nova York. Eles são todos de fora da cidade. Ele falou que o parque pertence ao povo; que era deles e que não deveriam deixar os porcos expulsá-los de lá. Armem-se, disse. Lutem contra os porcos, dividam-se em pequenos grupos, esperem as instruções dos organizadores. Afirmou que quarta-feira era o grande dia, que eles impediriam a Convenção. Esse é o Rubin.

O próximo é Davis. Vejamos. Davis é muito mais complicado, muito mais sofisticado, mas com exatamente os mesmos objetivos. No dia 27 de julho, na Igreja Universal de Cristo, de todos os lugares possíveis, Davis afirmou que haveria guerra nas ruas até que houvesse paz no Vietnã. Ele organizou as manifestações em Chicago com os outros réus para humilhar o governo dos Estados Unidos. Acha que agora pode ir aos campi e clamar pela ressurreição... desculpe-me... insurreição e revolução. "Ressurreição" certamente não era a palavra certa.

Vejamos Abbott Hoffman. Assim como Rubin, Hoffman atraiu as pessoas para cá com seu Festival da Vida. Ele disse que a razão de sua vinda era realizar um festival de música e que ele e Rubin conversaram com todos os músicos mencionados, incluindo Arlo Guthrie, Ed Sanders, Judy Collins, Country Joe McDonald, Peter Seeger. Ele conversou com esses músicos e disse: "Venham para Chicago e cantem. Cantem e se apresentem. Vai ser maravilhoso."

Bem, Hoffman e Rubin usaram o Festival da Vida para este fim, para trazer as pessoas à cidade e, então, criar o confronto que geraria a violência e enfraqueceria e destruiria o establishment, como eles o chamam.

No interrogatório, Hoffman admitiu que, antes da convenção, previa 6 mil prisões em Chicago, de 20 a 30 mortes e de 2 mil a 3 mil espancamentos com base nas 50 mil pessoas que viriam para a cidade. Ele disse isso a algum dos jovens? Ele disse isso a algum dos músicos?

Agora, vamos examinar as atividades e o planejamento de Hayden e Dellinger. Seu papel principal era o show de quarta-feira na concha acústica. Falarei dos dois juntos por esse motivo.

Dellinger e Hayden escreveram que, durante o último dia da convenção, entre outras coisas, causariam distúrbios para dramatizar suas exigências. Eles pretendiam cercar os delegados no Anfiteatro com sua marcha fúnebre. No Anfiteatro, fariam o mesmo que fizeram no Pentágono.

Hayden e Dellinger discursaram em 25 de julho. O Sr. Dellinger estava na Califórnia falando para uma multidão. O Sr. Hayden, em Nova York.

Naquela noite, Dellinger discursou em São Francisco... em San Diego. O Sr. Gilman, o jovem jornalista de 30 e poucos anos, testemunhou isso no início deste julgamento. O Sr. Gilman ouviu Dellinger falar sobre o Vietnã, a guerra e a lavagem cerebral dos prisioneiros de guerra norte-americanos pelo governo dos Estados Unidos após buscá-los no Vietnã do Norte; depois de serem libertados por Hanói, os prisioneiros de guerra sofriam uma lavagem cerebral por parte do governo norte-americano.

Então, depois que disse isso, segundo o relato de Gilman sobre o final do discurso, Dellinger afirmou ao grupo: "Queimem seus cartões de alistamento militar. Resistam à convocação. Violem as leis. Sejam presos. Perturbem o governo dos Estados Unidos de qualquer maneira possível para acabarmos com esta guerra insana." O público aplaudiu descontroladamente. Então ele disse: "Vejo vocês em Chicago", com o punho levantado. Não é crime afirmar isso, mas o que isso demonstra aos senhores? Ele veio para a cidade para uma vigília? Veio aqui, como dizem, para workshops?

11 de fevereiro de 1970

RICHARD SCHULTZ: Então temos o evento na concha acústica. Hayden pegou o microfone e disse: "Certifiquem-se de que, se sangue for derramado, que seja derramado por toda a cidade. Se vamos ser destruídos e violados, que toda essa cidade fedorenta seja destruída. Vejo vocês nas ruas." Muito bem.

Agora vamos fazer uma breve análise sobre Weiner e Froines. Weiner disse que eles deveriam ter alguns coquetéis [*Molotov*]. Incentivou: "Eles são fáceis de fazer. Tudo que você precisa é de gasolina, areia, trapos e garrafas."

E Froines, que participou da conversa e recomendou a garagem subterrânea do Grant Park como alternativa, como o melhor lugar, que disse que tinha quatro latas de gasolina, mas não sabia se usaria gasolina ou ácido butírico, e que auxiliou na decisão de como eles procederiam, ajudou e instigou Weiner nessa atividade, e também é culpado dessa acusação.

Mostramos que os réus, todos os sete, tinham um entendimento mútuo para cumprir os objetivos da conspiração, que tinham um propósito comum de causar desordem e incitar a violência nesta cidade, e que, juntos, todos os sete participaram das atividades juntos e ajudaram uns aos outros a fim de levar esse plano adiante.

Eles queriam os tumultos, queriam dar início a um Vietnã nos Estados Unidos. São culpados de vir à cidade para incitar os tumultos. Vieram para cá e incitaram o tumulto.

Leonard Weinglass iniciou as alegações finais pela defesa.

LEONARD WEINGLASS: Foi um julgamento longo e pesado para todos nós. Presenciamos muitas discussões neste tribunal. Mas devo confessar desde já que não é fácil acompanhar o raciocínio de Dick Schultz, a quem os senhores vêm ouvindo desde ontem de manhã. Acho que o Sr. Schultz esgotou tudo, utilizou cada pedaço e fragmento de prova que o Ministério Público foi capaz de reunir contra estes sete homens desde que começou essa investigação, aparentemente em 20 de novembro de 1967.

Cinco meses antes da convenção, Abbie Hoffman e Rennie Davis firmaram seus nomes em solicitações em um dos casos. Abbie viajou três vezes para se reunir com autoridades municipais. Rennie se encontrou constantemente com essas pessoas. Rennie se reuniu com um oficial de um subgabinete do Departamento de Justiça, Roger Wilkins, e, finalmente, com o procurador Sr. Thomas Foran. E, quando não conseguiram o que queriam, o que fizeram esses homens que desejavam a violência passiva? Eles entraram com uma ação na Justiça Federal, obrigando a prefeitura, que não queria negociar com eles, a se defender em juízo. E Rennie Davis registrou suas declarações perante o juiz Lynch, e elas foram transcritas estenograficamente.

E, depois de tudo isso, o Ministério Público quer que os senhores acreditem que esses homens pretendiam incitar a violência e uma perturbação civil na cidade.

Eu poderia basear minha defesa apenas nesse fato. Acho que esse fato por si só já é difícil de digerir. Acho que esse fato por si só gera mais do que uma dúvida razoável neste caso.

O Ministério Público não tem a obrigação de apresentar a vocês toda a verdade? Por que trouxe apenas funcionários da prefeitura? Por que apenas policiais, agentes disfarçados, comissários de menores e informantes pagos? Em todo esse tempo, em todos esses eventos que duraram mais de uma semana, eles não conseguiram encontrar uma pessoa boa, humana e decente para vir aqui apoiar a tese que o Sr. Schultz lhes apresentou no último dia?

Não vou refutar ponto por ponto todos os fatos nos quais o Sr. Schultz se baseia. Não vou contestar o testemunho do policial Riggio, que compareceu perante os senhores e afirmou que Tom Hayden, um homem que viajou na companhia de Robert Kennedy e Julian Bond, veio à cidade para esvaziar o pneu de um carro da polícia no domingo à noite no parque, além de cuspir em outro policial em via pública — essa foi a prova de que ele estava anunciando o início da revolução.

O Ministério Público tentou trazer esses policiais para relatar detalhe por detalhe.

Lee Weiner. Nadinha.

John Froines. Frapolly disse que ele estava jogando pedras nas viaturas da polícia.

Jerry Rubin foi visto jogando um suéter e um pequeno frasco de tinta.

Tom Hayden... esvaziou o pneu de uma viatura e cuspiu em um policial na calçada.

Rennie Davis não foi visto fazendo nada, mas eles alegam que estava ao microfone em duas ocasiões distintas, pedindo às pessoas que lutassem contra a polícia.

Abbie Hoffman não foi visto fazendo nada de natureza criminosa, embora a acusação também alegue que ele estava incentivando as pessoas a praticarem certos atos.

David Dellinger, é claro, segundo eles, não fez nada de natureza criminosa enquanto esteve na cidade.

Era uma multidão que queria ir ao Anfiteatro, que queria fazer uma marcha. Eles passaram pelo Hilton. Foram empurrados de volta para o Hilton. Pretendiam marchar e foram impedidos. Permaneceram nas ruas e cantaram. Mas esse fato significa que a polícia deveria avançar sobre eles, surrá-los e espancá-los com cassetetes? É assim que lidamos neste país com pessoas que insistem veementemente no direito de se reunir nas ruas e de protestar?

Se os anos 1960, como década, não significaram nada mais neste país, histórica e socialmente, significaram que os norte-americanos literalmente tomaram as ruas, como disseram Tom Hayden e Jerry Rubin, para expressar seus descontentamentos. Eles foram para as ruas. Isso é o que Martin Luther King fez em Selma, Alabama, e é o que tem sido feito desde então.

A acusação protestou contra essa última observação como irrelevante e o protesto foi mantido.

Para concluir a tese de defesa, desejo só declarar que este caso é mais do que apenas a defesa de sete homens. Enquanto os senhores deliberarem sua decisão, a história prenderá a respiração até que determinem se este erro que temos presenciado será corrigido por um veredito de absolvição dos sete homens que estão sendo julgados aqui.

12 de fevereiro de 1970

William Kunstler concluiu as alegações finais da defesa.

WILLIAM KUNSTLER: Devo reiterar um pouco do que o Sr. Weinglass disse. Estes sete homens são importantes para nós como seres humanos, como clientes, mas não são eles que estão de fato sentados no banco dos réus aqui. Estamos todos no banco dos réus, pois o que acontecer com eles acontecerá com todos nós.

Devo apenas apontar para os senhores que o chamado agitador externo, termo usado com frequência pelo Ministério Público, o agitador externo foi quem levou os Viajantes da Liberdade por todo o Sul, culminando com a viagem interestadual integrada em 1961.

O agitador externo liderou as campanhas de registro de eleitores que acarretaram a Lei dos Direitos Civis de 1966.

O agitador externo nos levou à Lei dos Direitos Civis de 1964, que declara que não deve haver discriminação nas acomodações públicas.

Os agitadores externos levaram à Lei dos Direitos Civis de 1968, que determina que não deve haver discriminação na habitação.

Os agitadores externos em St. Augustine, Selma, Jackson, Mississippi, Birmingham, lugares que se tornaram tão familiares na última década, levaram a todas as reformas, e há uma razão para isso, e a razão é que é necessário que surja um homem que não ganha a vida em determinada comunidade e, portanto, que não tem medo de perder o emprego ou de ter a casa queimada para encorajar as pessoas que vivem em comunidades reprimidas.

Não quero que os senhores saiam para suas deliberações sem saber que o termo agitador tem uma conotação boa e honesta, seja para se referir a Jesus saindo de Nazaré, a Debs deixando a Terre Haute, a Susan Anthony, a Dr. King, a George Washington, a Mohandas Gandhi ou a Harriet Tubman — todos são agitadores externos, todos movidos em prol da mudança social.

Apenas cerca de cinquenta anos atrás, acho que quase exatamente, em um prédio de uma vara criminal aqui em Chicago, Clarence Darrow declarou o seguinte:

"Quando surge uma nova verdade, ou nasce uma grande ideia necessária para a humanidade, de onde ela vem? Não da força policial, ou dos promotores, ou dos juízes, ou dos advogados ou médicos. Não é esta a sua origem. Ela vem dos desprezados e rejeitados, e talvez venha das cadeias e prisões. Vem de homens que ousaram ser rebeldes e pensar o que pensam, e sua fé tem sido a fé dos rebeldes."

JUIZ HOFFMAN: A menos que o senhor chegue às evidências, vou instruí-lo a interromper esta palestra sobre história. Não estamos tratando de história.

WILLIAM KUNSTLER: Não é uma palestra, Meritíssimo.

JUIZ HOFFMAN: É uma palestra. Não é um resumo das provas, que é a função das alegações finais no julgamento de um caso com júri. As alegações finais têm o objetivo de ajudar o júri a compreender as evidências melhor do que o fariam sem elas.

WILLIAM KUNSTLER: Mas para entender as questões primordiais, Meritíssimo, também...

JUIZ HOFFMAN: Não permitirei mais nenhuma dessas referências históricas e ordeno que pare imediatamente, senhor.

WILLIAM KUNSTLER: Faço isso sob protesto, Meritíssimo.

13 de fevereiro de 1970

WILLIAM KUNSTLER: Jovens estão deprimidos e consternados com o que veem em si mesmos, jovens que não conseguem aceitar os ideais, os sonhos e as motivações de seus pais e avós e que estão preocupados e perturbados, e sofrem do mal de não compreender para onde estão indo, para onde seu país está indo, o mundo está indo. São problemas difíceis, terríveis e, como já foi dito por todos neste país, são tão gigantescos que atordoam a imaginação. Mas eles não somem se destruirmos seus críticos. Eles não desaparecem se enviarmos homens para a prisão. Nunca foi assim e nunca será. Usar os problemas como desculpa para tentar destruir aqueles que protestam contra eles é provavelmente a coisa mais indecente que podemos fazer. Podemos crucificar Jesus, podemos envenenar Sócrates, podemos enforcar John Brown ou Nathan Hale, podemos matar Che Guevara, prender Eugene Debs ou Bobby Seale. Podemos assassinar John Kennedy ou Martin Luther King, mas os problemas continuarão a existir.

Acho que, se este caso não resultar em nada mais, talvez traga à tona o fato de que, mais uma vez, estamos naquele momento da história em que um julgamento se torna o campo de prova para sabermos se vivemos livres ou morremos livres. Os senhores estão nessa posição agora. Acredito que é sua responsabilidade fazer com que os homens continuem sendo capazes de pensar, falar com ousadia e sem medo, ser mestres de suas almas e viver e morrer livres. E talvez, se fizerem o que é certo, talvez Allen Ginsberg nunca mais tenha que escrever como fez em "Uivo": "Eu vi as melhores mentes da minha geração destruídas pela loucura." Talvez Judy Collins nunca mais tenha que se apresentar diante de um tribunal e dizer, como fez: "Quando eles finalmente vão aprender? Quando eles finalmente vão aprender?"

O procurador Thomas Foran apresentou suas alegações finais.

THOMAS FORAN: Descobrir a verdade, que é o trabalho dos senhores, é uma coisa muito estranha. Quero dizer, o que aconteceu conosco? Vamos nos deixar ser enganados assim: os policiais são os vilões. Os agentes do FBI são os vilões. As pessoas que entregam suas vidas ao governo são os vilões. Os jovens que se alistam na Marinha são os vilões. Só somos pessoas boas se gostarmos da poesia homossexual de Allen Ginsberg. Ou só somos pessoas boas se acharmos que Paul Krassner é engraçado. Não podemos permitir que usem nossos filhos assim. Não podemos permitir, pois o que eles querem fazer, o que querem de verdade, é pisar sobre os escombros de um sistema de governo destruído, ser os novos líderes com base na arrogância e na incerteza. Só isso.

A visão e os ideais que nossos antepassados tinham simplesmente não podem ser corrompidos por anarquistas violentos e movidos a ódio. "O futuro são as pessoas verdadeiras, puras e amorosas." Vocês sabem quem disse isso? Gandhi. Dr. King. "Verdadeiras, puras, amorosas."

Não mentirosos obscenos e movidos a ódio como esses homens.

Dá para imaginar isso? O modo como citaram pessoas levianamente. Podem imaginar — e é quase uma blasfêmia dizer isso. Eles citaram São Mateus, Jesus e Abraham Lincoln. Evocaram Martin Luther King. Mencionaram até... Os senhores conseguem imaginar qualquer uma dessas pessoas ou o reverendo Jesse Jackson... podem imaginar essas pessoas citadas apoiando esses homens se eles...

ESPECTADORA: Sim, eu posso. Posso imaginar porque é verdade.

JUIZ HOFFMAN: Remova essas pessoas, Sr. Oficial.

DAVE DELLINGER: Essa é minha filha.

ESPECTADORA: Não vou ouvir mais nenhuma dessas mentiras nojentas.

DAVE DELLINGER: Essa é minha outra filha. Obrigado. É isso aí. É isso aí. Não bata em minha filha dessa maneira. Eu estou vendo você. Aquele homem bateu na cabeça dela por dizer a verdade aqui.

JUIZ HOFFMAN: Os oficiais devem manter a ordem.

DAVE DELLINGER: Sim, mas eles não precisam bater em meninas de 13 anos que sabem que eu era próximo de Martin Luther King.

JUIZ HOFFMAN: Sr. Oficial, faça esse homem se sentar.

THOMAS FORAN: Vocês veem? Veem como funciona? "Não bata nela."

DAVE DELLINGER: Ele bateu nela.

ESPECTADOR: Elas bateram nele, mas ele bateu nela.

THOMAS FORAN: Ah, que bobagem. "Os tumultos são uma ameaça intolerável para todos os Estados Unidos." Sabem quem disse isso? O senador Bob Kennedy disse isso, de quem tentaram se apropriar.

"Em um governo de lei, e não de homens, nenhum homem, nenhuma turba, por mais indisciplinada ou ruidosa que seja, tem o direito de desafiar a lei." Sabem quem disse isso? John Kennedy.

As luzes em que os filhos da era Kennedy acreditam não precisam se apagar. Os cartazes podem tremular com a brisa da primavera. A marcha nunca chegará ao fim se as pessoas lembrarem, e volto à citação de Thomas Jefferson: "A obediência à lei é a principal parte do patriotismo."

Provamos, sem sombra de dúvidas, que esses sete homens são culpados. Os senhores são obrigados, por força de seu juramento, a cumprir seu dever sem medo, favorecimento ou simpatia. Cumpram seu dever!

O júri

14 de fevereiro de 1970

Instruções do juiz Hoffman ao júri

JUIZ HOFFMAN: Membros do júri, quando uma pessoa embarca em uma aventura criminosa de contornos indefinidos com outras pessoas, ela pode ser responsabilizada pelas ações dos demais conspiradores destinados a promover os objetivos comuns pretendidos. A acusação não precisa demonstrar conhecimento de todos esses atos ou de qualquer fase particular do esquema. É necessário, no entanto, que o Ministério Público prove, a partir de todas as evidências e sem qualquer dúvida razoável, que cada réu acusado da conspiração estava ciente do propósito comum, que cada um aceitou esse propósito, fez dele seu próprio objetivo e que cada fase da conspiração descrita na denúncia estava dentro do escopo dessa finalidade criminosa.

A lei distingue a mera apologia à violência ou à prática ilícita sem consequências da apologia ao uso da força ou da prática delituosa quando tal apologia é dirigida a incitar, promover ou encorajar ações ilegais. Assim, a distinção essencial é que os destinatários dessa apologia devem ser instados a fazer algo agora ou no futuro imediato, em vez de meramente a acreditar em algo, e as palavras devem incitar a ação concreta, não meramente princípios dissociados da ação.

Ao determinar a culpa ou a inocência dos réus ou de qualquer um deles, os senhores devem avaliar se os discursos realizados após a chegada em Chicago, Illinois, conforme descrito na acusação, foram: 1) destinados a organizar, incitar, promover ou encorajar um tumulto; 2) proferidos ou instados a serem proferidos a um grupo de três ou mais pessoas que têm, individual ou coletivamente, a capacidade de execução imediata de um ato de violência que resultaria em perigo ou lesão a qualquer outra pessoa ou à sua propriedade; 3) proferidos ou instados a serem proferidos com a intenção específica de que uma ou mais pessoas desse grupo causassem ferimentos ou danos a qualquer outra pessoa ou à sua propriedade como resultado imediato de tais palavras.

Não tive a intenção, em nenhum momento deste julgamento, e não pretendo ter agora, de expressar qualquer opinião sobre qualquer questão de fato. Se por acaso expressei ou exprimo qualquer opinião sobre algum fato, é seu dever desconsiderá-la. Além disso, ao chegarem ao seu veredito, os senhores não devem, de forma alguma, ser influenciados por qualquer possível antagonismo que tenham em relação aos réus ou a qualquer um deles individualmente — suas roupas, seus penteados, seu discurso, sua reputação, seu comportamento no tribunal, sua característica, sua filosofia pessoal ou seu estilo de vida.

Agora os senhores podem se recolher à sala secreta.

O júri foi dispensado para iniciar as deliberações.

Juiz Hoffman

VI

As Acusações de Desacato

Um dos aspectos mais polêmicos do julgamento de Chicago diz respeito às acusações de desacato. Normalmente, ninguém é condenado até que o júri anuncie um veredito de "culpado". Porém, assim que o júri se retirou para iniciar as deliberações, o juiz Hoffman anunciou que estava impondo sentenças de prisão por desacato a todos os sete réus e aos dois advogados de defesa. Ele passou horas citando exemplos específicos do comportamento dos réus durante o julgamento.

JUIZ HOFFMAN: Este juízo agora tem a responsabilidade de lidar adequadamente com a conduta desdenhosa que permeou este processo desde o início. Grande parte da conduta desdenhosa neste caso não consta na ata de julgamento. Os constantes murmúrios e risadinhas que emanavam da bancada da defesa não foram captados nos autos. Nenhuma ata, por mais hábil que seja sua transcrição, consegue retratar adequadamente o veneno, o sarcasmo e o tom de voz empregados por um orador. Nenhuma ata, por mais zelosa que seja sua transcrição, é capaz de refletir adequadamente os aplausos, as gargalhadas e outras táticas sutis empregadas por estes homens desdenhosos na tentativa de acabar com este julgamento. Não me concentrei nessas peças teatrais, histriônicas e afetações baratas. Eu as mencionei para mero registro, para que meu silêncio não fosse interpretado como sinal de aprovação.

Desde o início do julgamento, este juízo advertiu e repreendeu os réus e seus advogados a se absterem de tal conduta, especialmente quando cometida na presença do júri. Eles escolheram deliberadamente desconsiderar tal advertência, até os trabalhos de ontem à tarde, e desafiaram abertamente e ostentaram seu desprezo por este tribunal e pelo sistema judiciário que ele representa.

WILLIAM KUNSTLER: Damos pouco crédito à noção de que a independência do judiciário imprescinde do poder de julgar o desacato sumariamente. Além disso, não estamos convencidos de que o tempo e os custos adicionais possivelmente envolvidos na apresentação de delitos de desacato graves a um júri prejudicarão seriamente o funcionamento eficaz dos tribunais. Não negamos que às vezes deva ser imposta uma punição grave por desacato, mas rejeitamos a alegação de que tais punições devam ser impostas sem o direito a um julgamento por júri.

JUIZ HOFFMAN: Considerarei primeiro a conduta do réu David Dellinger. Este juízo considera que o réu Dellinger é culpado de desacato direto ao tribunal. O réu será preso — a propósito, o advogado do Sr. Dellinger deseja ser ouvido antes que a sentença seja imposta?

WILLIAM KUNSTLER: Meritíssimo, tenho um argumento jurídico sobre a competência deste juízo após o julgamento. O desacato sumário é apenas um método de prevenção de perturbação durante o julgamento, mas, após o julgamento, um homem [acusado de desacato] tem direito a um julgamento por júri. Além disso, a Regra 42 (b) do Código Penal dos Estados Unidos diz que, se a acusação de desacato envolve desrespeito ou crítica a um juiz, esse juiz é desqualificado para presidir o julgamento ou a audiência, exceto com o consentimento do réu. Os réus não consentem que Vossa Excelência se pronuncie nas acusações de desacato e, portanto, acho que Vossa Excelência não tem jurisdição para fazer o que está fazendo hoje.

JUIZ HOFFMAN: Eu não compartilho da sua opinião. Sr. Dellinger, gostaria de dizer alguma coisa? Se for em relação à pena, vou ouvi-lo.

DAVE DELLINGER: Você quer que sejamos como bons alemães apoiando os males de nossa década e, então, quando nos recusamos a ser bons alemães e viemos para Chicago e protestamos, apesar das ameaças e intimidações do sistema, agora você quer que sejamos como bons judeus, indo calma e educadamente para os campos de concentração enquanto você e este juízo suprimem a liberdade e a verdade. E o fato é que não estou preparado para isso. Você quer que nós fiquemos em nosso lugar assim como os negros deveriam ficar em seu lugar...

JUIZ HOFFMAN: Sr. Oficial, peço que faça o Sr. Dellinger se sentar.

DAVE DELLINGER: ... assim como os pobres deveriam ficar em seu lugar, assim como as pessoas sem educação formal deveriam ficar em seu lugar, assim como as mulheres deveriam ficar em seu lugar...

JUIZ HOFFMAN: Peço que se sente.

DAVE DELLINGER: ... assim como as crianças deveriam ficar em seu lugar, assim como os advogados — a quem agradeço, obrigado — deveriam ficar em seu lugar. As pessoas não ficarão mais caladas. As pessoas vão protestar. Sou um homem velho e estou falando de forma desajeitada e não muito bem, mas eu reflito o espírito que ecoará...

JUIZ HOFFMAN: Retire-o do recinto...

DAVE DELLINGER: ... em todo o mundo...

Aplausos.

DAVE DELLINGER: ... provém de minhas filhas que vieram ontem...

Neste ponto, uma desordem total insurgiu na sala do tribunal. Kunstler começou a chorar.

DAVE DELLINGER: Deixe minhas filhas em paz. Deixe minhas filhas em paz.

WILLIAM KUNSTLER: Minha vida acabou, eu não sou mais nada. O senhor destruiu a mim e a todos nós. Me jogue na cadeia agora, pelo amor de Deus, e me tire daqui. Me dê a sentença agora. Me dê minha sentença agora. Juiz, por favor. Por favor. Imploro. Me dê minha sentença agora. Me prenda também, não quero ficar aqui fora.

Dave Dellinger foi então condenado pelo juiz Hoffman a 29 meses e 16 dias por 32 acusações de desacato.

RENNIE DAVIS: Acaba de prender um dos homens mais generosos e corajosos dos Estados Unidos.

JUIZ HOFFMAN: Certo. Agora vamos falar sobre o seu caso, Sr. Davis.

RENNIE DAVIS: Juiz, você representa tudo o que é arcaico, feio, intolerante e repressivo neste país, e lhe direi que o espírito nesta bancada de defesa aniquilará essa doença na próxima geração.

Rennie Davis foi condenado a 25 meses e 14 dias por 23 acusações de desacato.

JUIZ HOFFMAN: Agora considerarei as acusações contra Thomas Hayden.

TOM HAYDEN: Meritíssimo, diante de seus olhos está o ingrediente mais vital do sistema ao qual representa entrando em colapso, pois o sistema não é coeso.

JUIZ HOFFMAN: Ah, não seja tão pessimista. Nosso sistema não está entrando em colapso. Pessoas tão espertas quanto os senhores podem se dar incrivelmente bem neste sistema. Não estou tentando convertê-lo, veja bem.

ABBIE HOFFMAN: Não queremos um lugar no poder, Julie.

TOM HAYDEN: Refleti sobre a pena e tentei pensar em algo de que me arrependa. Apenas uma coisa tocou meus sentimentos, minhas emoções mais íntimas, é que gostaria de ter um filho.

JUIZ HOFFMAN: Bom, neste departamento o sistema federativo não pode ajudá-lo.

TOM HAYDEN: O sistema federativo não o ajudará a tentar impedir o nascimento de um novo mundo.

Tom Hayden foi condenado a 14 meses e 14 dias por 11 acusações de desacato.

JUIZ HOFFMAN: Ouvirei o Sr. Hoffman se ele desejar falar.

ABBIE HOFFMAN: Você disse que não respeitamos a mais alta corte do país, mas para nós a justiça federal não é a mais alta corte do país.

JUIZ HOFFMAN: Não me lembro de ter dito isso.

ABBIE HOFFMAN: Ah, sim, você disse. Sempre a chama de a mais alta corte do país. Claro.

JUIZ HOFFMAN: É o Supremo Tribunal.

ABBIE HOFFMAN: Também não o consideramos a mais alta corte. Consideramos o povo a mais alta corte do país.

Não podemos respeitar uma autoridade que consideramos ilegítima. Só podemos oferecer resistência a essa autoridade ilegítima.

Não podemos respeitar uma lei tirana e os tribunais que conspiram com essa tirania. E, quando a lei é tirana, a única ordem é a insurgência e o desrespeito, e foi isso que fizemos, e é isso que farão todos os homens honrados de livre vontade.

Abbie Hoffman foi condenado a 8 meses por 24 acusações de desacato.

15 de fevereiro de 1970

JUIZ HOFFMAN: Agora tratarei da conduta de Jerry Rubin durante este julgamento. Ouvirei o Sr. Rubin se desejar falar.

JERRY RUBIN: Gostaria de discutir as condutas de desacato e as motivações por trás delas, que afetam sua pena, e quero começar com as referências que fiz em várias ocasiões à Gestapo, ao fascismo e a Hitler, e quero explicar o que me motivou a dizer isso.

Tudo o que aconteceu na Alemanha nazista foi legal. Aconteceu em tribunais, exatamente como este. Foi feito por juízes, juízes que usavam togas, juízes que citavam a lei e juízes que afirmavam: "Esta é a lei, respeite-a."

Apenas citar a lei não é resposta, porque a lei deste tribunal amordaçou e acorrentou Bobby Seale, e eu me recuso a me levantar e dizer "Heil Hitler" quando um homem negro foi amordaçado e acorrentado, e acho que qualquer ser humano sentado neste tribunal se recusaria a se levantar, e é por isso que me recusei a me levantar, pois eu quis vir a julgamento. Eu queria ser processado.

Ao ter de nos punir por nossas ações, você mostrou ao mundo que este sistema judicial perdeu o respeito da juventude, e a juventude nos libertará. Vamos para a prisão com sorrisos estampados em nossos rostos porque sabemos que, na prisão, existem milhões de jovens, há jovens lá fora que se identificam conosco e lutarão para nos libertar, e essa é a revolução. E o fato de você nos prender é um ato vingativo e rancoroso.

JUIZ HOFFMAN: Pode se sentar.

JERRY RUBIN: Com prazer.

Jerry Rubin foi condenado a 25 meses e 23 dias por 15 acusações de desacato.

Lee Weiner

JUIZ HOFFMAN: Examinaremos agora a conduta do réu Lee Weiner. Devo ser especialmente tolerante, pois, anos atrás, quando era muito mais jovem, eu era membro do corpo docente da universidade da qual você... Não sei se ainda é; pelo menos foi sugerido aqui, durante este julgamento, da qual você é ou foi professor.

LEE WEINER: Sei até que há uma placa nomeando um auditório em sua homenagem na faculdade de direito. A propósito, segundo últimos relatos...

JUIZ HOFFMAN: É muito gentil de sua parte contar aos presentes...

LEE WEINER: Eu conto isso por um propósito maligno.

JUIZ HOFFMAN: ... que existe um Hoffman Hall no campus da Universidade Northwestern.

LEE WEINER: Na verdade, estou contando com uma intenção maligna.

JUIZ HOFFMAN: Talvez as pessoas que ficaram com uma impressão ruim de mim por causa de algumas coisas que foram ditas possam ter um pouco de compaixão.

LEE WEINER: Tenho o prazer de informar que a placa foi arrancada da parede.

JUIZ HOFFMAN: A placa?

LEE WEINER: A placa foi arrancada da parede do auditório. Aparentemente, embora o Conselho de Curadores sinta afeto por você, não se pode dizer o mesmo do corpo discente.

JUIZ HOFFMAN: Eles retiraram a placa da porta?

LEE WEINER: Eles fizeram o melhor que podiam. Eles fizeram o melhor que podiam.

Lee Weiner foi condenado a 2 meses e 18 dias por 7 acusações de desacato.

John Froines, o juiz Hoffman e Tom Hayden

JUIZ HOFFMAN: A seguir, considerarei a conduta dos advogados neste caso... Ah, me desculpem. Nós... eu quase me esqueci de tratar do caso do Sr. Froines.

JOHN FROINES: Faz parte de ser um desconhecido da mídia, até o juiz esquece que você está aqui.

John Froines foi condenado a 5 meses e 15 dias por 10 acusações de desacato.

JUIZ HOFFMAN: Agora passarei a considerar a conduta do Sr. William Kunstler, advogado de alguns dos réus aqui, que participou deste julgamento desde o início.

WILLIAM KUNSTLER: Eu só tenho algumas palavras, Excelência.

Meritíssimo, sou advogado desde dezembro de 1948, quando fui aceito nos quadros da ordem dos advogados do estado de Nova York.

Até hoje, nunca fui punido por nenhum juiz, federal ou estadual, embora grande parte da minha prática, pelo menos na última década, tenha ocorrido em tribunais sulistas hostis, onde representei clientes negros e brancos em processos altamente polêmicos que envolviam direitos civis.

Ontem, pela primeira vez na minha carreira, perdi completamente a compostura em um tribunal, enquanto observava a filha mais velha de David Dellinger sendo levada para fora da sala porque bateu palmas para homenagear o que seria a declaração de despedida de seu pai.

Tive uma sensação tão profunda de absoluta frivolidade que não consegui segurar o choro, algo que não fazia publicamente desde a infância.

Lamento ter perturbado o decoro do tribunal, mas não tenho vergonha da minha conduta neste juízo, pela qual estou prestes a ser punido.

Mas, para aqueles advogados que podem hesitar diante do que aconteceu comigo, só posso dizer o seguinte: permaneçam firmes, permaneçam fiéis aos ideais da lei que, ainda que abertamente violados aqui e em outros lugares, são verdadeiros e gloriosos objetivos e, acima de tudo, nunca abandonem os princípios da igualdade, da justiça e da liberdade, sem os quais a vida tem pouco ou nenhum significado.

Posso não ser o melhor advogado do mundo, Meritíssimo, mas acho que sou neste momento, junto com meu colega Leonard Weinglass, o mais privilegiado. Estamos sendo punidos por defender aquilo em que acreditamos.

Meritíssimo, estou pronto para ser sentenciado, senhor, e agradeceria se, enquanto o senhor faz isso, eu pudesse permanecer de pé neste púlpito onde passei a maior parte dos últimos cinco meses. Obrigado.

Aplausos.

William Kunstler foi condenado a 4 anos e 13 dias por 24 quatro acusações de desacato.

JUIZ HOFFMAN: Agora chegamos ao caso de Leonard Weinglass.

Este julgamento, qualquer que seja o resultado, poderia ter sido conduzido com justiça e dignidade e sem rancor ou má intenção. Lembro-me de poucos casos... Bem, suponho que todo juiz tenha uma altercação com advogados em algumas ocasiões, mas, que eu me lembre, houve poucos casos em que tive uma discussão mais pungente ou qualquer coisa que se aproximasse disso com um advogado em relação à sua conduta. Ouvirei seus argumentos apenas sobre a questão em tela — me permiti essa pequena digressão por causa de suas observações sobre...

LEONARD WEINGLASS: Permita-me responder a esses comentários por um momento. Em relação aos nossos diferentes entendimentos do que significa respeito, quando cheguei aqui, esperava que, após vinte semanas, o juízo soubesse meu nome e nem isso recebi, o que achei que seria o mínimo...

JUIZ HOFFMAN: Bem, vou falar sobre isso. Tenho um amigo muito próximo chamado Weinruss e não conheço ninguém com o nome Weinrob — e, de uma forma ou de outra, o nome Weinruss ficou gravado em minha mente e é sua primeira aparição aqui.

Leonard Weinglass foi condenado a 20 meses e 9 dias por 14 acusações de desacato.

VII.

Vereditos e Sentenças

18 de fevereiro de 1970

JUIZ HOFFMAN: Pelo que vejo, senhores, o júri apresentará um veredito. O júri está pronto?

OFICIAL: Meritíssimo, o júri chegou a um veredito.

Assim, após quatro dias de deliberações, a estratégia da defesa de tentar um impasse, no qual os jurados não conseguiriam chegar a um veredito unânime, fracassou.

RICHARD SCHULTZ: Considerando o que aconteceu neste tribunal antes, considerando o fato de presenciarmos uma série de brigas de socos e pequenos tumultos bem aqui neste tribunal, sendo que o último em especial, na semana passada, culminou durante a última altercação entre os oficiais do tribunal e parentes dos réus, que foram reiteradamente expulsos — e alguns chegaram a ser encaminhados às autoridades competentes —, e também, Meritíssimo, considerando que, no sábado e no domingo, o senhor expediu algumas citações por desacato, pedimos a Vossa Excelência que remova da sala todos os espectadores, exceto a imprensa.

JUIZ HOFFMAN: O senhor pode responder, Sr. Kunstler.

WILLIAM KUNSTLER: Meritíssimo, gostaríamos de expressar nosso mais indignado protesto ao primeiro ponto, à primeira solicitação da acusação, ou seja, que a plateia seja removida da sala do tribunal durante a prolação do veredito. Alegamos — e acredito que os fatos corroborem — que, se houve violência neste tribunal, foi provocada diretamente pelo Ministério Público ou pelos agentes federais e oficiais do tribunal envolvidos e que a violência aplicada excedeu muito a força necessária. Não acho que o senhor deva acrescentar ao que já consideramos um julgamento totalmente injusto a última indignidade que poderia cometer no que diz respeito a esses réus, que é deixá-los aqui sozinhos, cercados apenas pela imprensa, pelo Ministério Público e por seus próprios advogados, mas totalmente sozinhos e da maneira mais solitária que um homem pode estar, longe de sua família, amigos e apoiadores em um momento de sua vida em que estão prestes a ouvir o veredito de um júri em um processo criminal, e ainda envolvendo penas graves.

JUIZ HOFFMAN: Minha decisão é que as seguintes pessoas poderão permanecer: os réus, é claro, e as pessoas que se sentaram na bancada de acusação durante este julgamento — os três procuradores e os representantes do governo. Os réus. As senhoras e os senhores da imprensa, de todos os meios de comunicação. Ordeno que nenhum jornal seja exibido na presença do júri. Os advogados de defesa constituídos, é claro, podem permanecer. Agora, todas as demais pessoas presentes aqui, exceto as que mencionei, são orientadas a deixar a sala do tribunal.

UMA VOZ: Elas vão dançar no seu túmulo, Julie, e nos escombros do império dos porcos.

JUIZ HOFFMAN: Bom dia, senhoras e senhores do júri. Fui informado pelo agente federal que os senhores chegaram a um veredito ou a alguns veredito.

PRIMEIRO JURADO: Sim, Meritíssimo.

JUIZ HOFFMAN: O senhor poderia entregar os veredito ao oficial, por favor, e, senhor oficial, poderia entregá-lo ao escrevente? Eu instruo o escrevente a ler os veredito.

Lee Weiner e John Froines foram considerados inocentes em todas as acusações. Todos os sete réus foram absolvidos da acusação de conspiração.

Dave Dellinger, Rennie Davis, Tom Hayden, Abbie Hoffman e Jerry Rubin foram considerados culpados de cruzar fronteiras estaduais para incitar um tumulto.

JUIZ HOFFMAN: Obrigado, senhoras e senhores. Gostaria de ser eloquente o bastante para expressar meu apreço aos senhores por seus vários meses de serviço neste caso, um dos mais difíceis que já presidi, um dos mais longos, e sei que os senhores também tiveram uma grande responsabilidade. Estão dispensados agora.

WILLIAM KUNSTLER: Ainda que eles tenham sido condenados em uma das duas acusações, peço que Vossa Excelência mantenha a fiança atualmente em vigor e, tendo em vista que a fiança no valor de US$10 mil foi considerada suficiente para as duas acusações, que Vossa Excelência mantenha a fiança para a apelação, enquanto aguardam o julgamento do recurso, no valor de US$10 mil previamente estabelecido por este tribunal para os cinco réus que mencionei.

JUIZ HOFFMAN: Ouvi todo o conjunto de provas. Observei todos os réus que o senhor me pediu para libertar sob fiança, tendo em consideração as acusações em que o veredito foi "culpado". Pelas evidências e pela conduta apresentada por eles neste julgamento, acredito que sejam homens perigosos para ficarem livres e nego seu pedido de fiança quanto a Dellinger, Davis, Hayden, Hoffman e Rubin, respectivamente.

20 de fevereiro de 1970

Dave Dellinger

JUIZ HOFFMAN: Agora prossigo com a imposição da sentença. Vou ouvi-lo em nome de seus clientes, Sr. Kunstler.

WILLIAM KUNSTLER: Meritíssimo, o Sr. Weinglass e eu não faremos declaração alguma em nome dos réus. Eles falarão por si próprios.

JUIZ HOFFMAN: Tudo bem. Sr. Dellinger, tem o direito de falar em seu próprio nome.

DAVE DELLINGER: Em primeiro lugar, acho que todo juiz deveria ser obrigado a passar um tempo na prisão antes de condenar outras pessoas para lá, a fim de que possa ter ciência das condições degradantes e desumanas que perduram não apenas na Cadeia do Condado de Cook, mas nas prisões norte-americanas em geral.

Sinto mais compaixão por você, senhor, do que qualquer hostilidade. Sinto que é um homem que teve muito poder sobre a vida de várias pessoas por muitos anos.

Gostaria de dizer que nos mandar para a prisão, ou aplicar qualquer punição que o Estado possa nos impor, não resolverá os problemas que nos levaram a nos "encrencar" com o governo e a lei em primeiro lugar.

Rennie Davis

Hoje, nosso movimento não é tão forte. Não está unido, não está bem organizado. É muito confuso e comete muitos erros, mas está começando um despertar neste país que já dura pelo menos quinze anos, e esse despertar não será contido. As táticas vão mudar, as pessoas vão errar, morrer nas ruas e na prisão, mas não acredito que esse movimento possa ser impedido, pois, por mais que o ideal norte-americano tenha sido falsamente aplicado desde o início, quando excluiu os negros, os indígenas e as pessoas sem propriedade, ainda assim, havia um sonho de justiça, igualdade, liberdade e fraternidade, e acho que esse sonho está muito mais perto de se realizar hoje do que em qualquer outro momento da história deste país.

Eu queria que todos nós não apenas fôssemos mais eloquentes, gostaria que fôssemos mais inteligentes, mais dedicados, mais unidos. Gostaria que pudéssemos trabalhar juntos. Gostaria que pudéssemos comover os Forans, os Schultz e os Hoffmans e convencê-los da necessidade dessa revolução.

Tom Hayden

JUIZ HOFFMAN: Sr. Davis, gostaria de falar em seu próprio nome? O senhor tem esse direito.

RENNIE DAVIS: Não creio que seja o momento de apelar ao senhor ou ao sistema que está prestes a me prender.

Suponho que, se eu fosse fazer algum apelo, realmente deveria ser ao agente Stanley ou a J. Edgar Hoover, porque a sentença que estou prestes a receber não vem do senhor neste julgamento, mas do FBI.

Acho que, se tenho alguma esperança, é que possa estar livre da prisão até 1976, pois, nesse ano, o povo norte-americano não vai contar sua história, vai revivê-la, e quando eu sair da prisão será para me mudar para a casa ao lado de Tom Foran. Serei o garoto que mora ao lado de Tom Foran; e o vizinho que poderia ter sido um juiz, poderia ter sido um promotor, poderia ter sido um professor universitário, vai se mudar para a casa ao lado a fim de preparar seus filhos para a revolução. Vamos transformar os filhos e as filhas da classe dominante deste país em vietcongues.

JUIZ HOFFMAN: Sr. Hayden, tem o direito de falar em seu próprio nome.

TOM HAYDEN: Nossa intenção ao vir para Chicago não era incitar um tumulto. Nossa intenção ao vir para esta cidade era fazer com que certos direitos, isto é, o direito de todo ser humano, o direito de se reunir, o direito de protestar, pudessem ser exercidos mesmo quando o governo decide suspendê-los. E estamos aqui hoje porque escolhemos exercer esses direitos em Chicago em um estado policial.

Dificilmente seríamos personagens notórios se eles tivessem nos deixado em paz nas ruas de Chicago no ano passado. Seríamos alguns milhares de pessoas. Teria sido uma prova de nosso fracasso como organizadores. Mas, em vez disso, nos tornamos os arquitetos, os mentores e os gênios de uma conspiração para derrubar o governo. Fomos inventados. Fomos escolhidos pelo governo para servir de bode expiatório para tudo o que queriam evitar que acontecesse na década de 1970.

É normal libertar membros da Máfia sob fiança. Não tem problema deixar assassinos em liberdade sob fiança. Eles saíram andando da sala do tribunal; mas não será possível nos deixar sair sob fiança, porque, dirão eles, há uma situação incendiária.

Se não queriam nos tornar mártires, por que o fizeram? Se queriam manter a paz, por que não nos deram uma autorização? Vocês sabem. Sabem que, se tivessem nos dado uma autorização, sabem que, se tivessem dado instruções um pouco diferentes, muito pouco teria acontecido no ano passado em Chicago. Ramsey Clark sabe disso. Ele sobreviveu a muito mais confrontos de rua do que a maioria das pessoas nesta sala, não importa o quanto o chamem de intelectual de Washington.

JUIZ HOFFMAN: Sr. Hoffman, a lei lhe dá o direito de falar em seu próprio nome. Ouvirei se tiver algo a dizer.

ABBIE HOFFMAN: Obrigado.

Desde o início da acusação até o final do julgamento, sempre quis mudar minha declaração. Tive um grande desejo de confessar, de dizer: "Sou culpado", pois senti que o Estado estava me chamando de inimigo e eu sou de fato um inimigo do Estado, sou um inimigo dos Estados Unidos da Amérikkka como é hoje, com K.

O Estado diz que somos antiamericanos. Eu não me sinto antiamericano. Me sinto muito americano. Já disse antes que os Yippies não odeiam os Estados Unidos. Eles apenas acham que o sonho americano foi traído. Essa tem sido minha atitude.

VEREDITOS E SENTENÇAS 257

Abbie Hoffman

Abbie apontou para os retratos dos pais fundadores na parede atrás do juiz.

Eu conheço aqueles caras na parede. Sinto que os conheço melhor do que você. Conheço Adams. Quer dizer, eu conheço todos os Adams. Eles cresceram a trinta quilômetros de minha casa em Massachusetts. Lutei com Sam Adams em Concord Bridge. Eu estava lá quando Paul Revere subiu em sua motocicleta e disse: "Os porcos estão chegando, os porcos estão chegando. Direto para Lexington." Thomas Jefferson. Thomas Jefferson clamava pela revolução a cada dez anos. Thomas Jefferson tinha um programa de reforma agrária que fazia Mao Tsé-Tung parecer um liberal. Eu conheço Thomas Jefferson.

Washington? Hoje respeito a opinião de Bobby Seale sobre ele ser um proprietário de escravos, porque era mesmo. Todos os homens são filhos de sua época, até mesmo os revolucionários. Somos filhos do nosso tempo e não somos perfeitos. Washington cultivava maconha. Ele chamava de cânhamo. Na época era chamada de cânhamo. Ele provavelmente era um maconheiro.

Abraham Lincoln? Esse é outro. Em 1861, Abraham Lincoln, em seu discurso de posse, declarou, e passo a citar: "Quando o povo se cansar de seu direito constitucional de consertar o governo, ele exercerá seu direito revolucionário de desmembrar e derrubar esse governo." Ele fez esse discurso. Se Abraham Lincoln tivesse feito esse discurso no Lincoln Park, estaria sendo julgado bem aqui, aqui neste tribunal, porque é um discurso de incitação.

Jerry Rubin

Eu não queria ser tão sério. Eu deveria ser engraçado. Tentei ser, quero dizer, mas a noite passada foi triste.

Não foi engraçado sentar em uma cela de prisão ontem à noite, uma sala de 1,5m por 2,5m, sem iluminação.

Não havia luz. Não é um lugar agradável para um menino judeu com educação universitária. Tenho certeza de que minha mãe diria isso.

Falando nisso, lembro-me de quando estávamos conversando antes, você disse: "Tom Hayden, você poderia ter alcançado uma boa posição no sistema, poderia ter um emprego em uma empresa." Ouvimos isso ao longo dos últimos dez anos, todos nós já ouvimos isso. E nossa única beleza é que não queremos um emprego. Não queremos um emprego aí, nesse sistema. Dizemos aos jovens: "Há um futuro brilhante para vocês na revolução. Torne-se um inimigo do Estado. É um ótimo futuro. Você vai salvar sua alma."

JUIZ HOFFMAN: O próximo réu, Sr. Rubin, deseja falar em seu nome? Você tem esse privilégio.

JERRY RUBIN: Este é um dos momentos de maior orgulho da minha vida. Estou feliz porque sei quem sou. Estou feliz porque estou conectado a Rennie, Tom, Dave, Abbie e a mim mesmo.

Estou sendo sentenciado a cinco anos de prisão, não pelo que fiz em Chicago — não fiz nada em Chicago. Vou para a cadeia por integrar um movimento histórico e por causa da minha vida.

Veja, você não está prendendo cinco indivíduos. Está encarcerando um movimento histórico. Somos símbolos. Basta ler os jornais e ver o que está acontecendo.

Um pai diz ao filho: "Respeite-me senão..." Isso é o que os Estados Unidos disseram aos seus jovens. Os Estados Unidos disseram aos seus jovens: "Respeitem-nos senão..." As crianças crescem dizendo: "Senão nada. Não vou respeitar você. Quando você está matando negros, não vou respeitar você."

Estamos sendo julgados porque estamos tentando acordar a nação. Estamos sendo julgados porque estamos tentando despertá-la emocionalmente, porque ela nos transformou em máquinas, nos transformou em oficiais, repórteres, juízes, promotores; destruiu nossa humanidade.

Juiz, quero presenteá-lo com um exemplar deste livro [Do It! Scenarios of the Revolution, *de Jerry Rubin, que tinha acabado de ser publicado*]. Quero que leia em suas férias na Flórida, porque é por isso que estou sendo julgado. Escrevi uma dedicatória: "Julius, você radicalizou mais jovens do que nós jamais conseguiríamos. Você é o melhor Yippie do país."

Este país está encarcerando sua juventude. É isso que está fazendo. Está prendendo sua juventude. E está prendendo-a pelo crime de sonhar, sonhar com uma alternativa. Você a está prendendo pelo crime de idealismo. Nosso crime é o idealismo. Só isso. Há um slogan que diz: você pode prender o revolucionário, mas não pode prender uma revolução.

O que está fazendo é criar milhões de revolucionários por aí, milhões de revolucionários. Julius Hoffman, você fez mais para destruir o sistema judicial deste país do que qualquer um de nós poderia ter feito. Tudo o que fizemos foi vir até Chicago e o sistema policial se revelou totalitário.

Este é o momento mais feliz da minha vida.

OS RÉUS: PODE APOSTAR!

JUIZ HOFFMAN: Chamo o Ministério Público para sua réplica aos comentários dos réus, de cada um deles.

THOMAS FORAN: A acusação não tem comentários sobre essas observações, Meritíssimo. Acho que as evidências do caso falam por si.

William Kunstler

JUIZ HOFFMAN: Sr. Escrevente, o réu David T. Dellinger ficará preso sob custódia do procurador-geral dos Estados Unidos ou de seu representante autorizado por um período de cinco anos. Além disso, o réu será multado no valor de US$5 mil mais custas processuais; o réu permanecerá recluso até que a multa e as custas tenham sido pagas. Essa sentença de cinco anos será concomitante com a sentença imposta anteriormente por desacato. As duas sentenças serão executadas simultaneamente.

Sr. Escrevente, o réu Rennard C. Davis ficará preso sob custódia do procurador-geral dos Estados Unidos por um período de cinco anos. Além disso, uma multa de... uma multa será imposta ao Sr. Davis no valor de US$5 mil mais custas processuais.

O réu Thomas C. Hayden ficará preso sob custódia do procurador-geral dos Estados Unidos por um período de cinco anos. Além disso, será imposta uma multa de US$5 mil mais custas processuais.

O réu Abbott H. Hoffman ficará preso sob custódia do procurador-geral dos Estados Unidos por um período de cinco anos. Além disso, será imposta uma multa no valor de US$5 mil mais...

ABBIE HOFFMAN: US$5 mil, juiz? Não dá para deixar por US$3,50?

JUIZ HOFFMAN: US$5 mil mais...

ABBIE HOFFMAN: Que tal US$3.500?

JUIZ HOFFMAN: ... custas processuais.

O réu Jerry C. Rubin ficará preso sob custódia do procurador-geral dos Estados Unidos por um período de cinco anos. Além disso, pagará uma multa no valor de US$5 mil mais custas processuais.

Não apenas pelo que consta em ata, que abrange todo o período de quatro meses ou mais, mas a partir das observações feitas pelos próprios réus aqui hoje, este juízo conclui que os réus são pessoas claramente perigosas para estarem livres. Portanto, as prisões não estão sujeitas à fiança.

A defesa tem alguma observação?

WILLIAM KUNSTLER: Para concluir, Meritíssimo, falando pelo Sr. Weinglass e por mim, não precisávamos ter escutado nossos clientes falarem hoje para entender o quanto eles significam para nós, mas, depois de ouvi-los alguns momentos atrás, sabemos que o que disseram aqui tem mais significado e será mais lembrado do que quaisquer palavras ditas por nós ou por você.

JUIZ HOFFMAN: Eu lhe dei a oportunidade de falar logo no início. O senhor disse que não queria falar.

WILLIAM KUNSTLER: Meritíssimo, será que posso dizer minhas últimas palavras sem que me interrompa?

JUIZ HOFFMAN: O senhor disse que não queria falar.

WILLIAM KUNSTLER: Meritíssimo, eu disse há pouco que tínhamos uma observação final. Vossa Excelência talvez tenha conseguido arruiná-la, e acho que talvez seja assim que o caso deva terminar, como começou.

Posfácio
Tom Hayden, 2006

Nenhum de nós foi criado para ser um conspirador. Crescemos no vazio dos anos 1950, quando o macarthismo parecia ter erradicado qualquer traço de subversão da cultura norte-americana. Fomos radicalizados quando nossos sonhos juvenis de reforma encontraram um padrão sistêmico de resposta violenta. No julgamento dos 7 de Chicago, o macarthismo foi ressuscitado mais uma vez, dessa vez para o fracasso. Os tempos mudaram.

Como discente da Universidade de Michigan, eu era editor do jornal do campus quando comecei a escrever sobre a campanha de ação direta não violenta contra a segregação racial iniciada por estudantes negros do Sul. Inconformista por natureza, eu não tinha nenhuma crença política concreta além da compreensão de que a promessa democrática dos Estados Unidos era para todos. Como repórter, quando tinha 21 anos, fui detido, espancado, encarcerado e expulso dos condados do Sul por uma turba armada com correntes. Quando me encontrei com funcionários do Departamento de Justiça para implorar por proteção, me disseram que os defensores dos direitos civis no Mississippi não podiam ser defendidos pelo governo federal de seu país. Mais tarde, fui preso como Viajante da Liberdade por obedecer à lei federal no Sudoeste da Geórgia. E isso continuou em Newark, de 1964 a 1967, quando testemunhei em primeira mão uma cultura de brutalidade policial e investiguei 26 mortes nos distúrbios públicos de julho de 1967, incluindo a de um jovem de 19 anos com 42 tiros na cabeça e na parte superior do tronco, e no Vietnã do Norte, onde entrevistei camponeses, mulheres e crianças feridos de modo permanente pelas bombas de fragmentação norte-americanas. Enquanto o idealismo arrefecia, um violento ressentimento preencheu meu coração. Nas palavras de Albert Camus sobre sua experiência na resistência francesa: "Ver amigos e parentes queridos mortos não nos educa para a generosidade. A tentação do ódio teve que ser superada."

Estávamos sozinhos. Meu pai parara de falar comigo, minha mãe não conseguia me entender. Ela confundia Indochina com Indonésia. Protestar contra a guerra significava partir seus corações. Enquanto meus pais e a Igreja Católica me educaram para me conformar, eu era antiautoridade em algum nível primitivo e instintivo. No início, recorri a editoriais, depois petições, depois organização comunitária, depois marchas e depois desobediência civil. Sangue de inocentes continuou sendo derramado para conseguir reformas há muito esperadas, como igualdade de tratamento em um balcão de lanchonete Woolworth's, ou leis de direito ao voto em 1965, após as mortes no Mississippi e a marcha sangrenta de Selma. No entanto, o Vietnã continuou, ceifando centenas de vidas norte-americanas todas as semanas em 1968 — e quem sabe quantos vietnamitas, cambojanos ou laosianos? Nós, que podíamos ser convocados, não podíamos votar a favor ou contra os políticos que nos enviavam ao Vietnã.

Eu tinha 28 anos durante os protestos de agosto de 1968 em Chicago; 29 anos quando o julgamento da Conspiração começou. Senti que minha vida seria tirada de mim, pelos dez anos atrás das grades, como nossos advogados nos disseram, ou em uma interpretação mais literal. Eu considerei a clandestinidade. Algo me permitiu acreditar que, se pudéssemos convencer um bom jurado a votar pela nossa absolvição — em termos legais, anular a acusação —, poderíamos, dentro do sistema judicial, ser vingados pelo mesmo tipo de desobediência civil que exercemos ao marchar pelas ruas de Chicago, apesar do injusto indeferimento das autorizações em 1968. No final, fracassamos por pouco, pois quatro jurados que acreditavam em nossa total inocência cederam, mesmo assim, sob pressão do Ministério Público, declarando cinco de nós culpados de uma acusação cada um. Bobby Seale foi condenado por desacato pelo juiz e os dois restantes foram considerados inocentes de todas as acusações.

Falou-se muito na época, até mesmo entre as comissões mais importantes, sobre uma "crise da juventude". Em retrospecto, acredito que a maior responsável pelo julgamento e pelos acontecimentos dos anos 1960 foi uma "crise dos mais velhos". Também acredito que os pais e os avós de hoje, que atingiram a maioridade nos anos 1960, devem permanecer fiéis ao que éramos e não repetir as falhas de nossos pais. Sem os mais velhos, o passado não tem forma.

Sempre houve um Outro Estados Unidos, cuja herança a Conspiração de Chicago resgatou do esquecimento. (Lembre-se de que a obra de Howard Zinn, *A People's History of the United States* [sem publicação no Brasil], que recuperou a tradição radical, foi publicada pela primeira vez dez anos após o julgamento da Conspiração, em 1980.) Antes de Bobby Seale e do Partido dos Panteras Negras, havia Nat Turner, Denmark Vesey, Harriet Tubman, Sojourner Truth e a Underground Railroad. Antes do Weather Underground (que explodiu durante o julgamento), haviam os anarquistas de Haymarket, os Wobblies, os Mollie Maguires e John Brown. Antes de Dave Dellinger, havia os quakers da Nova Inglaterra e as santas pacifistas como Dorothy Day e Rosa Parks. Antes de Rennie Davis, Lee Weiner e John Froines, havia os abolicionistas, Henry David Thoreau e os populistas e progressistas norte-americanos. Antes dos Yippies, havia os Diggers e Levellers, e os festeiros de Thomas Morton em Merry Mount, elogiados por Nathaniel Hawthorne e presos pelo capitão Miles Standish.[1] Pessoalmente, eu me senti encorajado pela vida solitária de Thomas Paine. E, é claro, nossos principais advogados, William Kunstler e Leonard Weinglass, seguiram a tradição de advogados como Clarence Darrow. Conforme o historiador Staughton Lynd tentou testemunhar no julgamento (foi impedido pelo Ministério Público), os 8 de Chicago eram semelhantes aos rebeldes no massacre de Boston de 1770, descritos por ninguém menos que John Adams, advogado dos soldados britânicos, como "uma turba heterogênea de garotos atrevidos, negros e mulatos, *taigs* irlandeses e marinheiros estrangeiros".[2] Abbie Hoffman se aprofundou ainda mais na identidade histórica durante o julgamento, por exemplo, ao testemunhar que residia na "Nação Woodstock", que descreveu como um "estado de espírito" similar ao de uma tribo indígena. No final do julgamento, Abbie disse ao juiz que conhecia os patriotas cujos retratos estavam pendurados na parede do tribunal: "Lutei com Sam Adams em Concord Bridge. Eu estava lá quando Paul Revere subiu em sua motocicleta e disse: 'Os porcos estão chegando, os porcos estão chegando'."

Esse Outro Estados Unidos, nunca triunfante, mas também nunca derrotado, ressuscitou mais uma vez nos anos 1960. Milhões de jovens e alguns (mas não muitos) de nossos pais estavam na marcha. Ficaram fascinados com as manifestações de Chicago e com o julgamento subsequente — um "júri" mais amplo, se preferir, cujo veredito de raiva foi proferido nas ruas no dia em que fomos condenados, quando houve dezenas de tumultos e um banco incendiado na ensolarada Santa Barbara. Chicago não apenas radicalizou muitos norte-americanos, mas também despertou uma consciência liberal em resposta às indignações percebidas nos anos de Nixon.

Para mim, a lição foi que alguns de nós desistimos dos Estados Unidos prematuramente. Os 7 de Chicago foram absolvidos na apelação, quatro anos após o julgamento. Muitos dos manifestantes de 1968 tornaram-se membros do Partido Democrata em 1972. Os republicanos da lei e da ordem da era Nixon sofreram impeachment ou foram presos apenas cinco anos depois. A Guerra do Vietnã, autorizada de forma quase unânime pelo Congresso em 1964, terminou quando o mesmo Congresso cortou o financiamento dez anos depois. Encaminhando-se para uma espiral descendente de caos, o sistema se estabilizou com uma onda de reformas: o fim do recrutamento militar, emancipação de jovens de 18 anos, mudanças nas eleições presidenciais primárias, aprovação da Lei dos Poderes de Guerra e das leis ambientais, e todo o resto. O Festival de Woodstock de 1969 e a grande Moratória do Vietnã ocorreram na mesma época em que o julgamento de Chicago pretendia arrefecer a dissidência. Não foi a revolução que imaginamos, tampouco a repressão que temíamos. Foi uma reforma real e um retorno à estabilidade pacificada.

Mas as perdas humanas superaram os ganhos. Estima-se que 2 milhões de vietnamitas, cambojanos e laosianos morreram, e outros milhões ficaram feridos ou foram deslocados. Cinquenta e oito mil norte-americanos mortos, muitos mais feridos, incapacitados pelo Agente Laranja, emocionalmente esgotados. Centenas de bilhões de dólares desperdiçados, que poderiam ter sido investidos em guetos, bairros, escolas e preservação de habitats. Outras guerras vieram e se foram para dissipar a "síndrome do Vietnã" e substituí-la mais uma vez pelo que Robert J. Lifton chamou de síndrome da superpotência. Contraofensivas culturais conservadoras foram lançadas para tirar as manchas dos anos 1960 das vestes da reproclamada inocência. Os anos 1960 têm quase cinquenta anos e ainda são contestados.

Existem importantes reverberações dos anos 1960 nos últimos movimentos contra a Guerra do Iraque, a globalização corporativa e a redução das liberdades civis. Naquela época, o procurador-geral John Mitchell declarou: "Vamos levar este país tão para a direita que vocês nem vão reconhecê-lo." Em vez de colocar os manifestantes em campos de detenção (ideia de seu assistente, Richard Kleindienst), Mitchell foi preso em meio ao escândalo Watergate, que pôs fim ao sonho dos conservadores de repelir o legado dos anos 1960. Seriam necessárias três décadas, guerras culturais, guerras Contra, uma eleição (supostamente) fraudada e ataques suicidas em Nova York e Washington para que a oportunidade de mover os Estados Unidos para a direita ganhasse força novamente com a invasão do Iraque e a aprovação da Lei Patriota.

O novo ciclo de protestos radicais começou antes mesmo da Guerra do Iraque, com a "batalha de Seattle" em 1999, que, como no alvorecer dos anos 1960, pegou as autoridades e a mídia totalmente de surpresa. Na época, eu estava no senado estadual da Califórnia, preocupado com a ameaça da Organização Mundial do Comércio às leis da Califórnia sobre água limpa, ar puro, espécies ameaçadas e prioridades das empresas pertencentes a minorias e mulheres, todas sujeitas a desafios como "barreiras" às doutrinas de livre comércio das corporações multinacionais. Mas eu não sabia da intensidade crescente da resistência à OMC entre uma nova geração de jovens. Recebi um telefonema de uma estudante de Yale, Terra Lawson Remer, filha de um amigo meu dos anos 1960, pedindo que eu não perdesse Seattle. Então, recebi telefonemas de Michael Dolan, coordenador do Public Citizen, querendo que eu discursasse em um comício inicial como "veterano". "Seattle", assim como "Chicago", tornou-se um resumo para um novo evento histórico. Já havia acontecido antes, na greve geral dos anos 1930, nas campanhas Wobbly antes disso; desde que a cidade foi nomeada em homenagem ao Chefe Seattle, houve repetidos ciclos de ação e apatia, significado e esquecimento.

As comparações entre os protestos de 1999 em Seattle e de 1968 em Chicago são úteis. O protesto de Seattle não só foi dez vezes maior do que o de Chicago, mas foi baseado em uma aliança entre radicais de rua, ambientalistas e trabalho organizado nunca alcançada nos anos 1960. Seattle realmente *impediu* a reunião ministerial secreta e antidemocrática da OMC, indo além das ações de resistência dos anos 1960. O espírito era o mesmo. Mais mulheres estavam envolvidas na liderança. Os grupos de afinidade, nascidos da necessidade em Chicago, eram muito mais sofisticados em Seattle, multiplicados por telefones celulares, equipamento de alpinismo e mensageiros em bicicletas de alta velocidade.

Uma grande diferença foi que Seattle explodiu inesperadamente, a partir de um contexto de calma superficial, enquanto Chicago parecia ser o ponto culminante de quase uma década de escalada da resistência em muitas frentes. Os cínicos e os defensores da administração descreveram o que aconteceu em Seattle como algo "isolado".

Porém, me parece que *o fenômeno de Seattle foi uma Chicago em lenta progressão*. Longe de serem isolados, eventos do tipo ocorrido em Seattle continuam acontecendo em diversos lugares, como a cidade de Quebec, Gênova, Cancún, Porto Alegre e, finalmente, nos portões das convenções políticas norte-americanas. Havia outro paralelo também: assim como os movimentos dos anos 1960 começaram no Sul segregado e se expandiram para o campus e os movimentos antiguerra, esses novos movimentos começaram no "Sul" global e cresceram em um amplo movimento de resistência contra o império militar. E, mesmo antes dos eventos de 11 de setembro de 2001, "Seattle" se tornou o pretexto para uma nova política de lei e ordem, em vez de uma ocasião para os mais velhos dos Estados Unidos repensarem seu sistema de poder.

Em 2000, em Los Angeles, em um cenário semelhante ao de Chicago, o FBI, a polícia, o Serviço Secreto e o prefeito alertaram que até 70 mil "anarquistas" representando "outro fenômeno de Seattle" compareceriam à convenção nacional democrata. Em 1968, as mesmas agências federais, mais a polícia de Chicago, emitiram avisos de levantes negros, anarquia hippie, festivais de amor livre e lançamento de LSD na rede de abastecimento de água da cidade, todos destinados a assustar o público, desacreditar os protestos antiguerra e justificar medidas preventivas como o indeferimento de autorizações de rotina para marchas, concertos e pernoite nos parques públicos. Um benefício colateral foi a oportunidade de uma bonança em fundos públicos para a aplicação da lei com o objetivo de estocar balas de borracha, lançadores de spray de pimenta e equipamentos de vigilância no caso de futuros "distúrbios" urbanos. Além disso, indo além de Chicago, as autoridades de Los Angeles começaram a construir "zonas de protesto" cercadas e cobertas com concertina, currais adequados para sua visão restrita do que significa liberdade de expressão.

É claro que as estimativas sempre foram exageradas. Em vez de 70 mil anarquistas em Los Angeles, havia cerca de 5 a 10 mil ativistas locais, aproximadamente o mesmo número que compareceu no auge dos eventos de Chicago. Praticamente não houve perturbação por parte dos manifestantes, exceto um episódio breve na primeira noite, quando, com uso de força, a polícia impediu um show cercado da banda Rage Against the Machine, disparando balas de borracha e granadas de gás na multidão depois que dois ou três anarquistas vestidos de preto começaram a escalar uma cerca a centenas de metros do local da convenção. Meu filho Troy, então com 28 anos (a mesma idade que eu tinha em Chicago), foi baleado e ferido no pulso por uma das centenas de balas "não letais" disparadas naquela noite. O tiro poderia tê-lo cegado ou matado, como veremos.

O mesmo padrão se repetiu periodicamente durante os últimos cinco anos, com a polícia fazendo estimativas exageradas e irresponsáveis antes de eventos oficiais como as convenções do partido republicano e democrata (2000, 2004), uma reunião ministerial da OMC em Cancún (2002) e a Reunião do Acordo de Livre Comércio das Américas em Miami (2003); impondo restrições severas à Primeira Emenda; invadindo apartamentos sem mandados; infiltrando provocadores disfarçados e espiões em grupos de protesto pacíficos; e manipulando seus próprios vídeos para suprimir evidências, enquanto arrecadava dezenas de milhões em fundos públicos para armamentos de alta tecnologia.

O comportamento da polícia nas convenções de 2004 igualou ou superou em muito as táticas policiais de Chicago de 1968, mas com uma exceção: a polícia aprendeu a não arrancar sangue dos jovens diante da televisão como fazia em 1968. Embora houvesse exceções — excesso de força da polícia em Oakland em 7 de abril de 2003 e na cidade de Nova York em 27 de abril do mesmo ano, uso de gás constante, alguns espancamentos em Seattle, o atropelamento e a morte de um manifestante em Gênova —, a polícia havia criado formas de controle menos chocantes aos olhos. Por exemplo, redes de arrasto eram rotineiramente usadas para recolher dezenas de manifestantes agitados (e pedestres desavisados) em Nova York, em vez de cenas vívidas de policiais invadindo a multidão a golpes de cassetetes para realizar prisões. Embora menos crânios tenham sido quebrados diante das câmeras, a principal mudança de política ocorreu nas relações públicas. A violência tornou-se menos visível. As algemas flexíveis de plástico ainda atavam os tornozelos aos pulsos; os manifestantes ainda eram mantidos em ônibus especiais por doze ou dezoito horas, cegos pelo spray de pimenta, sem banheiros, comida e água.[3]

De Seattle em 1999 a Nova York em 2004, outra lição do julgamento da Conspiração de Chicago foi adotada pelas autoridades: embora útil para aumentar a ameaça anarquista antes do evento oficial, não deveria haver nenhum julgamento de conspiração federal depois. Houve uma exceção parcial no caso de John Sellers, coordenador da Ruckus Society, durante a convenção republicana de 2000 na Filadélfia, mas as acusações foram retiradas. O governo aprendeu a evitar espetáculos públicos como o julgamento de Chicago sempre que possível. Os manifestantes viraram a mesa com litígios bem-sucedidos contra a polícia em Oakland e Nova York sobre os incidentes de 2003. Entretanto, as exceções são importantes. A interminável guerra às drogas, em grande parte uma contínua reação contrária à contracultura dos anos 1960, continua a encarcerar milhões, apesar do apoio público à descriminalização e à maconha medicinal. Em segundo lugar, as varreduras e os processos contra supostos terroristas muçulmanos são divulgados para alimentar a ansiedade do público, mas mesmo esses casos receberam respostas críticas nacionais e internacionais. Gerenciar a percepção do terror, que pareceria mais fácil do que a tarefa anterior de reprimir ativistas antiguerra, foi demais para o procurador-geral John Ashcroft. Além do medo de terroristas ocultos, o público ainda nutre uma suspeita contra procuradores do governo arraigada na década de 1960 e reavivada pelos escândalos de inteligência sobre armas de destruição em massa.

Em vez de apresentar acusações de conspiração após um evento, uma nova abordagem é evitar ou esfriar as manifestações em massa ao implantar sorrateiramente agentes do FBI para interrogar, até mesmo intimar, ativistas políticos em suas cidades natais antes de decidirem participar de eventos como convenções políticas. Em 2002, a agência de segurança interna emitiu um boletim completo para investigar quaisquer pessoas com uma "aversão declarada às atitudes e decisões do Governo dos EUA", e avisá-las de que reter informações sobre desobediência civil é passível de punição.[4] Em 2003, os procuradores federais intimaram a Universidade Drake para obter informações sobre os organizadores de um fórum de paz.[5] No mesmo ano, o FBI circulou um memorando a todos os departamentos de polícia para que investigassem e relatassem atividades suspeitas.[6] Sob o pretexto de evitar outro evento como o de Seattle ou 11 de Setembro, houve o renascimento dos programas de contraespionagem dos anos 1960, se é que algum dia foram encerrados.

Nos meses que antecederam a convenção republicana de 2004 na cidade de Nova York, a polícia afirmou, como de costume, ter informações de inteligência "secreta" sobre conspirações subversivas, nenhuma das quais se materializou. Justificava-se, portanto, um aumento maciço na segurança pública, incluindo uma enorme engenhoca mecânica que emitia um som estridente tão agudo que faria os manifestantes ao redor desmaiarem desorientados e trêmulos. A máquina foi apontada diretamente para os manifestantes, mas não foi ligada, legitimando-se como um meio de dissuasão sem um murmúrio de preocupação das autoridades. Assim como em Chicago, autorizações de rotina foram negadas para comícios em massa, mesmo a muitos quilômetros da convenção no Great Lawn, localizado no Central Park, com a justificativa de que a grama seria arruinada pela marcha. Três vezes mais manifestantes foram presos na cidade de Nova York — 1.821 — do que durante o evento de Chicago, o maior número em uma convenção política norte-americana. No momento de escrita deste texto, quase todos os casos foram arquivados por falta de provas ou resultaram em absolvições. As forças de segurança de Nova York embolsaram aproximadamente US$100 milhões para despesas de segurança. Elas se livraram com bem pouco constrangimento público, exceto por algemarem, na véspera da convenção, Mike Wallace, de 86 anos, por estacionar em fila dupla e ser "excessivamente assertivo".[7] Como alguns de nós, Wallace cobriu a convenção de Chicago de 1968, onde levou um soco no queixo e foi ameaçado de prisão dentro do local.[8] Outros documentos e análises forenses foram divulgados em dezembro de 2005, mostrando que os policiais de Nova York disfarçados instigaram uma das únicas perturbações violentas da semana, além de prenderem Rosario Dawson, que filmava durante as manifestações.[9]

Em Boston, na convenção democrata de 2004, praticamente não houve manifestantes, apesar das previsões usuais de caos. A polícia ainda recebeu mais de US$20 milhões em fundos federais para zonas de protesto cercadas, câmeras de vigilância que foram instaladas permanentemente no gueto e distribuição usual de balas de borracha, spray de pimenta e lançadores. Poucos meses depois, os policiais usaram o novo armamento contra universitários que festejavam na noite da vitória dos Red Sox na World Series, matando uma mulher de 21 anos, Victoria Snelgrove, com um tiro de cápsula de gás de pimenta direto no olho. Comentando sobre os distúrbios da vitória dos Red Sox para o *New York Times,* o chefe da polícia de Seattle declarou que as novas técnicas agressivas de controle de multidão começaram com as manifestações de Seattle em 1999, que "realmente despertaram a polícia".[10]

O fantasma de John Mitchell deve estar sorrindo de onde quer que esteja. Apesar do renascimento de protestos democráticos vigorosos, a máquina de prisão e detenção preventiva está sendo usada em uma base experimental sob o pretexto de dissuadir terroristas. Se e quando houver outro incidente terrorista — e os especialistas que são pagos para nos proteger dizem que é inevitável —, ficamos imaginando quais novas limitações à liberdade já estão preparadas.

Seattle simbolizou o início de um novo movimento global pela paz e justiça não visto desde 1968. O sistema está mais flexível e amortecido do que antigamente. O que estava confinado ao exterior agora é permitido no interior. A mídia, como estenógrafa dos poderosos, menospreza ou ignora os que estão nas ruas. Mas esse novo ciclo de protesto não acabou e — quem sabe — os novos movimentos podem vir a superar os da minha geração. Considero uma bênção pessoal ter experimentado esses movimentos duas vezes na vida.

Considere estas comparações:

- **Números brutos.** O movimento pela justiça global, comparável ao movimento pelos direitos civis dos anos 1960, gerou multidões de 50 mil em Seattle, pelo menos 100 mil na cidade de Quebec e em Gênova, e números semelhantes nos Fóruns Sociais Mundiais. O movimento estudantil contra a exploração no trabalho forçou códigos de conduta em cerca de 128 universidades e corporações gigantescas, comparáveis às antigas campanhas de desinvestimento na luta contra o apartheid. Em março de 2003, *antes* da invasão dos EUA, o movimento global antiguerra originou mais manifestantes na cidade de Nova York — 500 mil — e em todo o mundo do que a maior moratória anti-Vietnã em 1969, que na época foi considerada a maior manifestação da história norte-americana.
- **Impacto político.** Embora a campanha presidencial de John Kerry, com sua defeituosa mensagem antiguerra, se assemelhe de alguma forma à de Hubert Humphrey em 1968, o número

total de eleitores antiguerra, voluntários, organizadores pagos e contribuintes de campanha apenas para Howard Dean excedeu em muito os recursos doados ao senador Eugene McCarthy em 1968.

- **Consciência do "sistema".** Apesar de um poderoso eleitorado conservador que estava dedicado a reverter os legados dos anos 1960, as pesquisas também mostram uma preocupação majoritária com o Iraque, império, fraude oficial, abuso corporativo, meio ambiente, direitos civis e das mulheres, corrupção no financiamento de campanhas e instituições — escândalos institucionais não registrados desde aquela época anterior. Como os assassinatos e escândalos da CIA dos anos 1960 alimentaram um senso público de conspirações obscuras contra a democracia, as recentes controvérsias sobre eleições roubadas e inteligência fraudulenta no Iraque moldaram a consciência da nova geração de uma elite de poder na qual "crimes e contravenções" parecem rotineiros.

- **A difusão do poder político progressista.** A Guerra Fria deixou poucas alternativas aos gigantes norte-americanos e soviéticos. Mas o mundo pós-Guerra Fria assistiu à chegada de (ex) revolucionários ao poder pela via eleitoral em ex-ditaduras apoiadas pelos EUA, como Bolívia, Brasil, Argentina, Uruguai, Chile e África do Sul, bem como o antigo bloco oriental. Os novos governos da América Latina pós-ditadura têm sido aliados-chave dos novos movimentos sociais no bloqueio da OMC e na consideração forçada de um New Deal global. O impacto de tais movimentos sociais certamente foi o fator crucial para pressionar os governos europeus a enfrentar os Estados Unidos em relação ao Iraque durante os debates nas Nações Unidas.

Embora não tenham alcançado o crescendo do final dos anos 1960, os novos movimentos sociais mostraram-se, de muitas maneiras, mais progressistas, diversos e inventivos. Conforme observado, as mulheres estão na liderança em todos os lugares. As táticas de resistência são mais eficazes, desestabilizando as instituições e, ao mesmo tempo, mantendo um profundo compromisso com a não violência. A cultura hip-hop rivaliza, e pode superar, os músicos e a contracultura de outros tempos. Impulsionada pela internet, a mídia independente é mais ampla e participativa do que a imprensa underground. Questões individuais parecem mais facilmente tecidas em uma agenda do todo — império versus democracia, padrões globais de direitos humanos, proteção ambiental, salários dignos, responsabilidade corporativa —, alcançada pelo "poder do povo" incorporado em movimentos sociais e organizações não governamentais, usando tanto as ruas quanto a internet, para estabelecer normas e tratados aplicáveis, como Kyoto (aquecimento global), Cartagena (biodiversidade) e Tribunal Penal Internacional, com ou sem a aprovação da hegemonia em Washington.

Atrevo-me a supor que a maioria, talvez todos, dos filhos da conspiração de Chicago participaram desses movimentos recentes desde Seattle. Meu próprio filho Troy, ator e membro apaixonado da geração hip-hop, foi para as ruas com manifestantes em Seattle, Los Angeles e Nova York. Minha filha Vanessa faz documentários sobre programas de troca de seringas e é ativa no Moveon.org. Terra Lawson-Remer, cujo pai era da mídia underground e cuja mãe vivia em uma comuna em Berkeley e compareceu ao julgamento de Chicago, sofreu ataques com gás lacrimogêneo e foi presa nas ruas de Seattle e novamente por escalar um prédio para pendurar uma faixa "Fora Bush" durante a convenção de Nova York de 2004. Vivian Rothstein, que distribuiu panfletos no Grant Park em 1968, é mãe de dois jovens organizadores do movimento sindical entre trabalhadores imigrantes na Califórnia. Bob Ross, que ajudou a me livrar da prisão em Chicago, é um especialista universitário em fábricas exploradoras e economia global. Richard e Mickey Flacks, cujo filho foi atingido por gás lacrimogêneo em Chicago, passaram três décadas ensinando, escrevendo e construindo uma organização comunitária. As histórias de continuidade ao longo de gerações são inúmeras.

Um exemplo interessante é a rápida ascensão de veteranos do Iraque contra a guerra e suas famílias militares, simbolizada por Cindy Sheehan, que segue a tradição dos veteranos do Vietnã contra a guerra. Hoje, um de seus líderes experientes é o veterano do Exército Dave Cline, cujas raízes remontam a um drama pouco lembrado durante Chicago em 1968. Na época, pensei que poderíamos não apenas deter a maquinaria controlada do Partido Democrata com uma estratégia de dentro para fora, mas também desencadear uma revolta simultânea pela paz dentro das Forças Armadas. Dave Cline havia retornado recentemente do Vietnã e estava baseado em Fort Hood, Texas, quando chegaram as ordens de preparação para ocupar as ruas de Chicago com 6 mil soldados de combate. Já fazia algum tempo que, em torno de Fort Hood, os ativistas se organizavam contra a guerra em um GI Coffeehouse chamado Oleo Strut. Quando as ordens para Chicago chegaram, muitos soldados usavam adesivos da paz em seus capacetes. Em um estacionamento, durante a noite toda, centenas de soldados negros realizaram uma reunião rebelde para decidir o que fazer. Por fim, foram atacados por PMs com baionetas; vários foram espancados e, ao todo, 43 soldados acabaram sendo submetidos à corte marcial. Após a eliminação dos dissidentes mais óbvios, 6 mil homens foram enviados para Chicago, chegando com armadura completa, lança-chamas e bazucas. Um organizador do Oleo Strut foi preso antes de chegar a Chicago. Na avaliação do pesquisador e documentarista David Zeiger: "Eles não usaram as tropas de Fort Hood [em Chicago] porque realmente não confiavam nelas."

Assim, nos aproximamos de um fim apocalíptico em Chicago, com a maioria dos delegados saindo da convenção para encontrar soldados do Vietnã usando adesivos da paz. No final, mais de mil delegados — mais de 40% — votaram a favor de uma plataforma de paz no Vietnã e centenas se juntaram aos protestos. As tropas de Fort Hood nunca foram usadas por medo de que alguns soldados apontassem suas armas para o lado errado. Até mesmo a grande mídia se revoltou; por exemplo, Chet Huntley, da NBC, relatou que "nós, da classe jornalística, hesitamos em falar sobre nossos problemas em Chicago... mas a hostilidade a qualquer tipo de crítica e o medo de relatar os fatos tornaram-se demasiados e nosso dever era falar abertamente".[11]

O que as autoridades não podem apagar, elas tentarão desfigurar. Há uma contínua batalha de memória sobre Chicago. Abordarei brevemente alguns mitos e identificarei algumas incógnitas.

Mito nº 1: conspiramos para um tumulto. A verdade: a maioria dos 8 de Chicago não se conhecia. Sempre tivemos em mente vários cenários (se receberíamos autorizações ou não, por exemplo), mas esperávamos que a violência fosse iniciada pela polícia. Ramsey Clark, o procurador-geral dos Estados Unidos que havia processado os resistentes ao recrutamento, optou por não indiciar nenhum de nós após os confrontos em Chicago. Essa escolha foi deixada para a administração Nixon.

Mito nº 2: a polícia "criou um tumulto". A verdade: além de inúmeros atos de violência policial aleatória, há muitas evidências de que a violência e a intimidação foram intencionais. O comandante da Guarda Nacional "disse que seus homens irão 'atirar para matar'... se não houver outra maneira de prevenir o cometimento de um crime violento durante a convenção".[12] Segundo a Comissão Walker, a cidade "tentou desencorajar o influxo de manifestantes ao não conceder autorizações para marchas e comícios".[13] A violência policial contra a mídia foi "claramente deliberada".[14] O comportamento da polícia na repressão aos distúrbios de abril de 1968, após o assassinato do Dr. King, foi descrito como "ostensivo" por uma comissão de renome.[15] A questão desconhecida é em que parte da cadeia de comando as decisões foram tomadas. De janeiro a agosto de 1968, o FBI, as agências de inteligência e a polícia de Chicago se reuniram continuamente para coordenar as decisões. De acordo com um memorando de J. Edgar Hoover de 23 de outubro de 1968: "Um processo bem-sucedido desse tipo seria uma conquista única do FBI e deveria perturbar severamente e restringir as atividades da Nova Esquerda." Longe de ser uma reação exagerada de alguns policiais de Chicago, o comportamento das forças de segurança tinha a característica de algo organizado.

Mito nº 3: os réus da Conspiração planejaram um festival de perturbações no tribunal. A verdade: de acordo com a pesquisa do professor de Chicago Harry Kalven, quase todas as citações por desacato ocorreram durante alguns dias no julgamento de cinco meses — o acorrentamento e amordaçamento de Bobby Seale, a prisão de Dave Dellinger por um discurso. Um novo julgamento em 1973, conduzido por um juiz federal do Maine, rejeitou 146 das acusações de desacato do juiz Hoffman. A lógica do julgamento foi paralela à lógica de 1968. Na medida em que o juiz suspendeu nossos direitos de tribunal, por exemplo, negando a Bobby Seale um advogado de sua escolha, afirmamos o direito de discordar, incluindo o direito de apelar para o júri pela declaração de nulidade da própria lei. Havia uma lógica interna, incluindo uma lógica jurídica não ortodoxa, para as perturbações. Elas não se destinavam à, reinterpretando a famosa descrição de revolução feita por Abbie, "pura diversão". A pergunta sem resposta é: o que teria ocorrido se o caso fosse presidido por outro juiz, ou se o tribunal tivesse permitido que Charles Garry representasse Bobby Seale? Como perguntei aos procuradores: "Se não queriam nos tornar mártires, por que o fizeram?"

Mito nº 4: os réus da Conspiração eram mais radicais e violentos do que o resto de nossa geração — o principal argumento da acusação. Uma pesquisa de 1969 do Instituto Yankelovich constatou que 10% dos estudantes norte-americanos — cerca de 1 milhão — apoiavam "um partido revolucionário de massas", enquanto 69% se consideravam pacifistas em relação ao Vietnã.[16] De acordo com os números do Departamento do Tesouro dos Estados Unidos, houve milhares de atentados a bomba no país entre janeiro de 1969 e abril de 1970, quase o mesmo período do julgamento de Chicago. A partir de 1969, houve 240 incidentes anuais de soldados atacando seus oficiais, mais de 10% resultando em mortes.

Visto que nossa revolta de 1968 foi considerada o "estertor da morte dos irrelevantes históricos" por Zbigniew Brzezinski,[17] na época professor da Universidade Columbia e mais tarde conselheiro de Segurança Nacional dos Estados Unidos, pode surgir a dúvida: por que o julgamento da Conspiração de Chicago ainda é tão lembrado, tão debatido, sendo tema de livros, filmes e especiais de TV como poucos outros julgamentos dos últimos cem anos?

Os leitores dessas transcrições podem julgar por si próprios. Acho que nossos protestos, simbolizados por Chicago, ameaçaram os arranjos de poder mais do que em qualquer outro momento desde os anos 1950; se considerados globalmente, talvez até antes. O julgamento atingiu um ponto sensível e se alojou na psique dos Estados Unidos.

Em um documento interno do Departamento de Estado datado de 17 de novembro de 1967, há uma pista para essa relevância. Três semanas antes, cerca de 100 mil manifestantes, entre eles Rennie Davis, cercaram desafiadoramente o Pentágono, segurando uma bomba de fragmentação norte-americana usada contra o povo vietnamita; Dave Dellinger coordenou, como sempre; e os Yippies Abbie Hoffman e Jerry Rubin proclamaram sua intenção de "levitar" o prédio. Em seu diário, a primeira-dama Lady Bird Johnson relatou "a sensação de estar sitiada".[18] O diretor da CIA, Richard Helms, declarou: "Eu tive experiências com multidões em todo o mundo e não gostei nem um pouco da aparência ou do som dessa."[19] Havia atiradores de elite no telhado do Pentágono. O presidente disse a seus assessores: "Eles não vão me expulsar da cidade", levou memorandos sobre o movimento antiguerra para a cama todas as noites e pensou em renunciar.[20]

No rescaldo dessa manifestação sem precedentes, os analistas do Departamento de Estado forneceram um parecer no memorando de 17 de novembro: *"As prioridades políticas da juventude podem contrariar as exigências impostas aos EUA por seu papel como potência mundial."*[21]

Ocorridas apenas algumas semanas depois que os democratas escolheram Chicago como local da convenção de 1968, as manifestações de 1967 no Pentágono se tornaram o principal modelo para o plano de Chicago. Imaginamos 100 mil manifestantes pela paz cercando o Anfiteatro da convenção. Phil Ochs, Judy Collins e Allen Ginsberg levantariam suas vozes. As caravanas da Campanha dos Pobres de Martin Luther King Jr. chegariam de Washington. Os delegados do partido se revoltariam contra os chefes e nomeariam um candidato a favor da paz. As tropas norte-americanas resistiriam às ordens de reprimir as manifestações. Em todo o país, as multidões sairiam espontaneamente para as ruas exigindo o fim da repressão e a retirada imediata dos EUA da guerra. Essa era a ideia. Após a manifestação no Pentágono em 1967, ela se tornou, ao mesmo tempo, verossímil e absolutamente intolerável para os poderes.

É claro que os acontecimentos de janeiro a agosto não tinham precedentes: os assassinatos de Martin Luther King Jr. e Robert Kennedy; a renúncia de Lyndon Johnson; as rebeliões no campus de Columbia e uma centena de outras universidades; as greves e as revoltas na Alemanha, na França, no México, na Irlanda do Norte e em outros lugares; o tiro no líder da SDS alemã, Rudi Dutschke; as saudações Black Power dos atletas olímpicos dos Estados Unidos; e a invasão soviética estranhamente coincidente da Tchecoslováquia. Os tempos eram radicais. A acusação que se seguiu tornou-se uma oportunidade para suprimir o que os anos 1960 haviam feito, para "perturbar severamente e restringir as atividades da Nova Esquerda", como disse Hoover.

Desde janeiro de 1962, quando o governo dos Estados Unidos estabeleceu um grupo interno para monitorar e influenciar os movimentos estudantis, a Casa Branca havia sido advertida por meio de memorandos de que "não estamos adequadamente sintonizados com as necessidades e desejos dos jovens e grupos de jovens no mundo livre e não temos um programa específico direcionado a capturar as mentes desses indivíduos".[22] Em meados de 1968, o departamento formou um "Grupo de Estudo da Agitação Estudantil" interno para analisar um movimento estudantil global que "derrubou primeiros-ministros, mudou governos, arruinou universidades e, em alguns casos, prejudicou a economia do país... [por] camaradagem com outros estudantes ao redor do mundo que estão fazendo a mesma coisa".[23]

Em vez de reformar as condições que levaram a esse colapso revolucionário, a polícia disfarçada, agindo sob ordens superiores, fez uma cruzada para "neutralizar" a Nova Esquerda. A meu respeito, J. Edgar Hoover enviou um memorando secreto em 17 de maio de 1968, ordenando que o principal objetivo do FBI fosse "neutralizar [Hayden] no movimento da Nova Esquerda. O FBI considerará as recomendações de contrainteligência para cumprir este objetivo". Às vezes, era ridículo; um memorando do FBI afirmou que o "total desrespeito às leis morais e sociais e à urbanidade [como 'negligência da higiene pessoal' e 'adereços incomuns'] impedem qualquer tentativa de ridicularizar essas pessoas".[24]

Porém, considere apenas o que aconteceu no meu mundo naquela breve primavera. Martin Luther King Jr., a quem entrevistei pela primeira vez em 1960, foi assassinado; apenas algumas semanas depois, Robert Kennedy, cujo caixão velei, levou um tiro na cabeça. Em 5 de maio, meu amigo íntimo e cofundador da SDS, Richard Flacks, teve o crânio fraturado e os pulsos cortados por um agressor desconhecido em seu escritório na Universidade de Chicago, em uma época em que memorandos do FBI revelam um complô para demiti-lo. Em 15 de maio, acordei para descobrir a polícia de Berkeley e policiais estaduais, apoiados por um helicóptero, invadindo o People's Park e dando início a dezessete dias de conflitos de rua em que os policiais dispararam escopetas de cano duplo, matando um espectador e cegando outro. Isso não foi tudo. Vieram as moratórias Chicano de 1970-1971, com quatro mortos e muitos feridos, e os eventos nas faculdades estaduais Kent e Jackson em 1970, com mais seis mortos. Antes que as convenções de Chicago fossem revertidas, haveria o cerco de Wounded Knee em 1973 e os conflitos na manifestação da Vietnan Veterans Against the War.[25] É difícil transmitir esse contexto traumático para outra geração quase quarenta anos depois. Mas talvez a passagem do tempo torne a história mais fácil de ouvir.

Sou assombrado por esta pergunta: será que somos membros da geração dos anos 1960, agora os mais velhos, que ainda fazem o possível para realizar os sonhos de nossos jovens? A história geracional está longe de terminar, e esta publicação de trechos das transcrições do julgamento de Chicago, junto com a meticulosa história de Jon Wiener, é uma contribuição importante para o necessário diálogo intergeracional.

De minha parte, ofereço o que escrevi há quarenta anos na revista *New Republic*:

> Nos incontáveis momentos passageiros em que as pessoas transcendem sua mesquinhez para se comprometerem com grandes propósitos, o único valor é a própria rebelião? Nesse caso, o radicalismo está fadado a ser extraordinário, irrompendo apenas durante aqueles raros tempos de crise e revolta que as elites norte-americanas parecem capazes de enfrentar.
>
> A alternativa, se houver, seria o radicalismo se tornar comum, assumindo pacientemente um trabalho que só tem a virtude de enfrentar e integrar as realidades que são os segredos da sociedade e sua desgraça...
>
> O radicalismo, então, se entregaria e se tornaria parte da energia que permanece inquieta e ativa sob as garras de uma sociedade imperial paralisada. O radicalismo, então, transcenderia os conceitos de otimismo e pessimismo como guias para o trabalho, encontrando-se ao trabalhar apesar das adversidades. Sua sanidade e seu realismo seriam baseados em nada mais do que a capacidade de enfrentar o que houver.

Notas

Introdução: Os Anos 1960 em Julgamento

1. David Farber, *Chicago '68* (Chicago: University of Chicago Press, 1988), xiii.
2. Este livro, 105.
3. Jonah Raskin, *For the Hell of It: The life and times of Abbie Hoffman* (Berkeley: University of California Press, 1996), 118.
4. Este livro, 166.
5. Citado em Raskin, *For the Hell of It*, 118.
6. Tom Hayden, *Reunion: A memoir* (Nova York: Random House, 1988), 348.
7. J. Anthony Lukas, *The Barnyard Epithet and Other Obscenities: Notes on the Chicago Conspiracy Trial* (Nova York: Harper & Row, 1970), 15.
8. Ibid., 14.
9. Ibid., 12.
10. Tom Hayden, *The Port Huron Statement: The visionary call of the 1960s revolution* (Nova York: Thunder's Mouth Press, 2005).
11. Para os números das mortes anuais, veja www.vietnamwall.org/casualty.html.
12. Hayden, *Reunion*, 304, 306.

13. Todd Gitlin, *The Sixties: Years of hope, days of rage* (Nova York: Bantam Books, 1987), 334. A declaração do prefeito foi aparentemente ofensiva demais para ser citada no livro de 1988 de David Farber, *Chicago '68*, publicado pela University of Chicago Press — ele descreve o fato eufemisticamente apenas como "fora do microfone, o prefeito disse impropérios", 201. Oito anos mais tarde, em 1996, o livro de Jonah Raskin, *For the Hell of It*, publicado pela University of California Press, incluiu a citação na íntegra: 166. Ela também aparece de formas diferentes em livros recentes destinados a uso em salas de aula: Mark Hamilton Lytle, *America's Uncivil Wars: The sixties era from Elvis to the fall of Richard Nixon* (Nova York: Oxford University Press, 2006), 263, inclui "vai se foder, seu judeu desgraçado", mas deixa de fora "seu filho da puta nojento", enquanto a citação na íntegra, incluindo a última parte, aparece no livro de Maurice Isserman e Michael Kazin, *America Divided: The Civil War of the 1960s* (Nova York: Oxford University Press, 2004), 242.

14. Veja, por exemplo, Lytle, *America's Uncivil Wars*, 264.

15. Citado em Lukas, *Barnyard Epithet*, 49, 50.

16. Ibid., 87.

17. Sobre a lei da conspiração, veja Jason Epstein, *The Great Conspiracy Trial: An essay on law, liberty and the Constitution* (Nova York: Random House, 1970).

18. Citado em Lukas, *Barnyard Epithet*, 73.

19. Clay Carson, "The Cambridge Convergence: How a Night in Maryland 30 Years Ago Changed the Nation's Course of Racial Politics", *Minneapolis Star Tribune*, 28 de julho de 1997, www.stanford.edu/group/King/about_the_project/ccarson/articles/cambridge_convergence.htm.

20. Citado em Lytle, *America's Uncivil Wars*, 234.

21. Citado em Carson, "The Cambridge Convergence".

22. Ibid.

23. Citado em Epstein, *Great Conspiracy Trial*, 43.

24. Citado em Epstein, *Great Conspiracy Trial*, 52–53.

25. Ramsey Clark, "Preface", em *Contempt: Transcript of the contempt citations, sentences, and responses of the Chicago Conspiracy 10* (Chicago: Swallow Press, 1970), v–viii.

26. Ibid., vi.

27. Ibid., vii.

28. Ibid.

29. Hayden, *Reunion*, 381.

30. Ibid., 405.

31. Ibid., 406.

32. Ibid., 407.

33. John Schultz, *The Chicago Conspiracy Trial* (Cambridge, MA.: Da Capo Press, 1993), 366–68.

34. Veja *Contempt; Conspiracy on Appeal: Appellate brief on behalf of the Chicago Eight* (Nova York: Center for Constitutional Rights, 1971).

35. Harry Kalven, introdução a *Contempt*, xviii–xix.

36. O juiz Julius Hoffman morreu em 1º de julho de 1983, aos 88 anos.

37. Raskin, *For the Hell of It*, 224; Abbie Hoffman, *Soon to Be a Major Motion Picture* (Nova York: Putnam, 1980), 294, 205.

38. Citado em Raskin, *For the Hell of It*, 241.

39. Citado em ibid., 255.

40. Citado em ibid., 252.

41. Ibid., 258.

42. Hayden, *Reunion*, 462.

43. en.wikipedia.org/wiki/Prem_Rawat

44. James Moore, "Rennie Davis: From Chicago 7 to Venture Capitalist to Grand Canyon Visionary", *Iowa Source*, março de 2005, www.iowasource.com/conscious_living/conscious_living_rennie_0305.html

45. venturesforhumanity.net/

46. Jerry Rubin, *Do It!* (Nova York: Simon & Schuster, 1970), contracapa.

47. Jerry Rubin, *Growing (Up) at 37* (Nova York: Warner Books, 1976), 197.

48. Eric Pace, "Jerry Rubin, 1960's Radical and Yippie Leader, Dies at 56", *The New York Times*, 29 de novembro de 1994.

49. David Dellinger, *From Yale to Jail: The life story of a moral dissenter* (Nova York: Pantheon Books, 1993), 401–4.

50. David Dellinger, "Hungering for Real U.S. Issues", *Los Angeles Times*, 30 de setembro de 1992, citado em Dellinger, *From Yale to Jail*, 478–80.

51. Michael Carlson, "David Dellinger: Pacifist Elder Statesman of the Anti-Vietnam Chicago Eight", *The Guardian* (Londres), 28 de maio de 2004, www.guardian.co.uk/antiwar/story/0,12809,1226643,00.html.

52. Edward Jay Epstein, "The Black Panthers and the Police: A Pattern of Genocide?", *The New Yorker*, 13 de fevereiro de 1971, www.edwardjayepstein.com/archived/panthers2.htm; UC Berkeley Library Social Activism Sound Recording Project: The Black Panther Party, www.lib.berkeley.edu/MRC/

pacificapanthers.html; "Black Panther Party", em *Africana Civil Rights: An A-Z reference*, ed. Kwame Anthony Appiah e Henry Louis Gates Jr. (Filadélfia: Running Press, 2000), 79–81.

53. UC Berkeley Library project, ibid.
54. Edward Jay Epstein, "Black Panthers and the Police", ibid.
55. "Bobby Seale", em *Africana Civil Rights*, 363.
56. Hayden, *Reunion*, 471.
57. Dan Walters, *Sacramento Bee*, citado em www.thenation.com/directory/bios/tom_hayden.
58. Tom Hayden, "An Exit Strategy for Iraq Now", *Los Angeles Times*, 18 de agosto de 2005, B7.

O Caso da Acusação

1. Tom Hayden, *Reunion: A memoir* (Nova York: Random House, 1988), 345.
2. Ibid., 368–69.
3. Ibid., 369.
4. Ibid., 371.
5. Ibid., 374.
6. Ibid., 380.

O Caso da Defesa

1. Tom Hayden, *Reunion: A memoir* (Nova York: Random House, 1988), 381.

2. Jason Epstein, *The Great Conspiracy Trial: An essay on law, liberty and the constitution* (Nova York: Random House, 1970), 320.

3. Editorial, *The New York Times*, 1º de fevereiro de 1970, citado em Hayden, *Reunion*, 393.

4. Hayden, *Reunion*, 382.

Posfácio

1. Peter Lamborn Wilson, "Caliban's Masque: Spiritual Anarchy and the Wild Man in Colonial America", em *Gone to Croatan: Origins of North American dropout culture*, ed. Ron Sakolsky e James Koehnline (Brooklyn, NY: Autonomedia, 1993), 95.

2. Howard Zinn, *A People's History of the United States* (Nova York: Harper Collins, 2003), 67.

3. Veja Carolyn Marshall, "Oakland Nears Final Payouts for Protesters Hurt by Police", *The New York Times*, 20 de março de 2006, A14; National Lawyers Guild summary, "The Assault on Free Speech, Public Assembly and Dissent", agosto de 2003; Lewis Lapham, "Crowd Control", *Harper's*, outubro de 2004.

4. Lapham, "Crowd Control".

5. Eric Lichtblau, "F.B.I. Goes Knocking for Political Troublemakers", *The New York Times*, 16 de agosto de 2004.

6. Ibid.

7. James Barron, "Incident Puts Taxi Officers in Spotlight", *The New York Times*, 12 de agosto de 2004.

8. Daniel Walker, *Rights in Conflict: A report to the National Commission on the Causes and Prevention of Violence* (Nova York: Dutton, 1968), 327. Que ninguém se equivoque em pen-

sar que Mike Wallace era um simpatizante liberal. Ele se encontrou comigo algumas semanas após a convenção para propor que eu apoiasse Richard Nixon. "Tom, acredite em mim, ele é um 'novo Nixon'", confidenciou Wallace. Recusei.

9. Jim Dwyer, "New York Police Covertly Join in at Protest Rallies", *The New York Times*, 22 de dezembro de 2005.

10. Fox Butterfield, "Student's Death Returns Crowd Control to the Fore", *The New York Times*, 1º de novembro de 2004.

11. Walker, *Rights in Conflict*, 322.

12. *Chicago Daily News*, 25 de agosto de 1968.

13. Walker, *Rights in Conflict*, 2.

14. Ibid., 7.

15. Sparling Commission, citado por Dave Dellinger em Abbie Hoffman et al., *The Conspiracy* (Nova York: Dell, 1969), 141.

16. Todd Gitlin, *The Sixties: Years of hope, days of rage* (Nova York: Bantam Books, 1987).

17. Zbigniew Brzezinski, no artigo "Revolution and Counter-Revolution", citado em David Farber, *Chicago '68* (Chicago: University of Chicago Press, 1988), 238.

18. Citado em Jonathan Neale, *A People's History of the Vietnam War* (Nova York: The New Press, 2003), 132–33.

19. Ibid., 133.

20. David Maraniss, *They Marched into Sunlight: War and peace, Vietnam and America, October 1967* (Nova York: Simon & Schuster, 2003), 191, 314.

21. Martin Klimke, "'A Serious Concern of US Foreign Policy': The West German Student Movement and the Western Alliance", artigo científico sobre "The Other Alliance" apre-

sentado na conferência da Universidade de Heidelberg, 19-22 de maio de 2005; documento original do Departamento de Estado "Youth and Revolt — Depth and Diversity" em RG 59, registros da IAYC, reunião da IAYC, 8 de novembro de 1967, Box 1.

22. Subsecretário de Estado George McGee, "Goals for Free World Youth", 23 de janeiro de 1962, Coleções Especiais da Universidade de Arkansas, em Klimke, "'A Serious Concern of US Foreign Policy'", 3.

23. George McGee para o Presidente Johnson, nos documentos McGee, Universidade Georgetown, em Klimke, "'A Serious Concern of US Foreign Policy'", 2.

24. Memorando do FBI, 27 de maio de 1968.

25. Por exemplo, durante o movimento Chicano, um agente infiltrado do FBI confessou que agentes de segurança pública federais e locais o instruíram a "'provocar confusão... [e] causar incidentes' a fim de 'eliminar' os Boinas Marrons e o CNMC [o Comitê Nacional da Moratória do Chicano]". Veja F. Arturo Rosales, *Chicano! The History of the Mexican American Civil Rights Movement* (Houston, TX: Arté Publico Press, 1997); original em Edward J. Escobar, "The Dialectics of Repression: The Los Angeles Police Department and the Chicano Movement, 1968–71", *Journal of American History* 79 (março de 1993): 1505.

JON WIENER é um editor colaborador da *Nation* e produtor de "Start Making Sense", o podcast semanal da *Nation*. Professor emérito de história dos Estados Unidos na UC Irvine, é o autor de *Gimme Some Truth, Come Together, Historians in Trouble* (The New Press) e, mais recentemente, *Set the Night on Fire: L.A. in the Sixties* (com Mike Davis). Ele mora em Los Angeles.

TOM HAYDEN (1939-2016) foi senador do estado da Califórnia por dezoito anos e é autor de *Irish on the Inside, The Zapatista Reader, Rebel* e *Street Wars* (The New Press).

JULES FEIFFER é cartunista, romancista e dramaturgo vencedor do Prêmio Pulitzer. Ele mora na cidade de Nova York.

RICHARD AVEDON (1923–2004) foi um eminente cronista da segunda metade do século XX. Suas fotografias foram tema de dez grandes exposições fotográficas e treze livros.

Projetos corporativos e edições personalizadas
dentro da sua estratégia de negócio. Já pensou nisso?

Coordenação de Eventos
Viviane Paiva
viviane@altabooks.com.br

Assistente Comercial
Fillipe Amorim
vendas.corporativas@altabooks.com.br

A Alta Books tem criado experiências incríveis no meio corporativo. Com a crescente implementação da educação corporativa nas empresas, o livro entra como uma importante fonte de conhecimento. Com atendimento personalizado, conseguimos identificar as principais necessidades, e criar uma seleção de livros que podem ser utilizados de diversas maneiras, como por exemplo, para fortalecer relacionamento com suas equipes/ seus clientes. Você já utilizou o livro para alguma ação estratégica na sua empresa?

Entre em contato com nosso time para entender melhor as possibilidades de personalização e incentivo ao desenvolvimento pessoal e profissional.

PUBLIQUE
SEU LIVRO

Publique seu livro com a Alta Books. Para mais informações envie um e-mail para: autoria@altabooks.com.br

 /altabooks /alta-books /altabooks /altabooks

CONHEÇA OUTROS LIVROS DA **ALTA CULT**

Todas as imagens são meramente ilustrativas.

Este livro foi impresso nas oficinas gráficas da Editora Vozes Ltda.,
Rua Frei Luís, 100 – Petrópolis, RJ.